U0505152

国家"十二五"重点图书

湖南省涉农企业发展研究中心资助项目

国家出版基金项目
NATIONAL PUBLICATION FOUNDATION

大国经济丛书　　　主编　欧阳峣

大国经济安全视角的
粮食进口规模与结构

以中国为例的研究

王溶花　著

格致出版社　　上海人民出版社

总　序

经济学发展历史表明,经济理论的重要程度往往取决于被解释现象的重要程度。中国的崛起被称为"东亚奇迹","金砖国家"的崛起已成为"世界奇迹",这说明大国经济现象的重要程度是毋庸置疑的。如果将典型的大国经济发展现实和经验的研究提升为普遍性的理论体系和知识体系,那么,中国经济学就有可能掌握国际话语权。

一般地说,掌握国际话语权应该具备三个条件:一是研究的对象具有典型意义,被解释的现象不仅对某个国家的发展具有重要意义,而且对世界的发展具有重要意义;二是取得的成果具有创新价值,在学术上有重要发现,乃至创造出新的科学理论和知识体系;三是交流的手段具有国际性,研究方法符合国际规范,可以在世界范围交流和传播。

在大国经济研究领域,第一个条件是已经给定的,因为大国经济发展具有世界意义。关键是要在第二个条件和第三个条件上下功夫。要通过创造性的思维和研究,深刻把握大国经济的特征和发展规律,构建大国经济的理论体系和知识体系,追求深层次的学术创新和理论突破;要使用国际化的交流手段,运用规范的研究方法和逻辑思维开展研究,从中国与世界关系的角度来看待大国经济问题,并向世界传播大国经济理论和知识体系,从而使大国经济理论具有世界意义和国际影响力。

我们将联合全国的专家学者,致力于探索超大规模国家经济发展的特征和规律,进而构建大国经济理论体系和知识体系。格致出版社以深邃的目光发现了这个团队的未来前景,组织出版这套《大国经济丛书》,国家新闻出版总署将其列入

"十二五"国家重点图书出版规划，为大国经济研究提供了展示成果的平台。

我们拥有这样的梦想，并且在集聚追求梦想的力量。我们期望这个梦想成为现实，并用行动构建中国风格的经济学话语体系，为中国经济学走向世界做出积极的贡献。

欧阳峣

前　言

近几年来,中国粮食进口贸易规模增长快速,俨然已经成为世界粮食进口大国,也引起了国内外学者对中国粮食安全问题的高度关注。围绕着中国粮食贸易总规模的增长趋势、贸易结构的合理性、中国粮食市场对国际市场的依赖程度以及粮食安全等理论与政策问题,国内外学者及政策制订者都进行了广泛探讨,也取得了较为丰富的研究成果。然而,结合国内外粮食供求变动特地针对中国粮食进口贸易进行的实证研究相对较少。本书遵循发展中大国的国情及大国经济安全的要求,以基本贸易理论的综述及其发展演变为起点,基于"规模—结构—供求"的研究路径,结合规范分析与实证分析,在考察中国粮食贸易发展及动态变化特征的基础上,揭示当前中国粮食贸易所面临的规模与结构问题。在此基础上,运用协整检验与格兰杰因果检验法、贸易强度与贸易互补指数法、恒定市场模型(CMS)等,从规模和结构两方面,就国内外供给和需求因素变动对中国粮食进口贸易的影响程度以及中国粮食进口变动与中国粮食安全状况的相关程度进行检验。根据国内粮食产需及世界粮食出口均与中国粮食进口密切相关的研究结论,按照"以我为主,立足国内,适度进口,科技支持"的粮食安全战略,以粮食进口结构的优化为主线,提出既符合中国国情也能充分发挥粮食进口对国内粮食安全调节作用的促进中国粮食进口贸易稳健发展的政策建议。

全文共分为九章。前两章以规范分析为主,是本书的理论基础部分。其中,第1章为绪论,在阐述中国粮食进口贸易的研究背景、研究目的与意义的基础上,对国内外粮食贸易的相关研究进行综述和评价,并提出本书的基本研究思路。第2章结合基本贸易理论,分析供求变动影响中国粮食进口贸易发展及其结构变动的机理,设定基于"规模—结构—供求"的中国粮食进口贸易研究路径,并就该研究路径的科学性与可行性进行规范分析。

第3章至第8章是本书的核心内容部分,以实证分析为主,并对实证分析的结论进行了规范性的总结。主要研究结论有:(1)发展中大国的粮食贸易具有特殊战略意义,但中国粮食贸易面临粮食产品国际竞争力下降、外贸依存度上升以及贸易结构不合理加大贸易风险等问题;(2)中国国内粮食产需与粮食进口之间存在单向因果关系,即国内粮食产需会对粮食进口产生影响,但粮食进口对粮食产需的影响不显著;(3)中国粮食进口变动呈现出与世界粮食出口变动较明显的一致性,而且中国粮食进口对世界主要粮食出口国依赖程度高、贸易互补性较强;(4)CMS模型分析结论显示,引力效应是影响中国粮食进口变动最为显著的因素,但市场结构效应和商品结构效应均偏弱,表明国内粮食供需缺口的存在是中国粮食进口扩张是重要原因,但粮食进口的市场结构和商品结构还不尽合理;(5)由主成分分析可知,粮食进口是粮食安全的重要调控因素,目前所搜集的数据也表明,中国粮食进口规模与粮食安全综合得分高度正相关,意味着当前阶段中国粮食进口对粮食安全有重要调节作用;(6)中国粮食进口贸易格局的优化可考虑"三管齐下",即规模上将粮食净进口率控制在20%以下;品种结构上适度增加谷物粮食进口而逐步压缩大豆进口;市场结构上适当增加从南美、澳大利亚及俄罗斯、东盟等临近经济体的粮食进口。

第9章为文章的结尾部分,在对以上研究结论进行总结的基础上,从加强粮食进口宏观调控管理、稳定粮食进口来源、优化粮食进口品种构成和完善粮食进口技术性措施制度等方面提出了促进中国粮食进口贸易稳健发展的政策建议。

Abstract

In recent years, it greatly attracts the attention of scholars home and abroad that China's grain import has been rapidly growing. Scholars and policy makers home and abroad are widely discussing about the growth trend of Chinese total grain trade scale, the rationality of its trade structure, its dependence on international grain markets, the grain security situation and other related theoretical and political issues, also there already existing abundant research achievements. However, there are relatively few achievements especially on empirical study of Chinese grain import from the angle of change of grain supply and demand home and abroad. Starting with the review and evolution development of the basic trade theory, based on the "scale-structure-supply and demand" approach, combining normative analysis and positive analysis, the paper firstly analyzes the development and dynamic characteristics of Chinese grain trade, so as to reveal problems currently existing in the scale and structure of Chinese grain trade. On this basis, using the Cointegration and Granger test, the Trade Intensity Index and Trade Complementarity Index, the Constant Market Share model (CMS), etc., it empirically tests the relationships between the changes of grain supply and demand home and abroad and the changes of Chinese grain import, and between the changes of Chinese grain import and its grain security state. Based on the conclusion of close ties between the changes of grain supply and demand home and abroad and the changes of Chinese grain import, according to grain security strategy of "focusing on ourselves, relying on domestic, importing moderately, technological support", taking structural optimizing of grain import as the main line, the paper proposes some suggestions to motivate the steady development of Chinese grain import, not only conforming to Chinese national condition but also making full play of grain import's regulating role to domestic grain security.

The paper is divided into nine chapters. The first two chapters are normative analysis and is the theoretical basis of this paper. The first chapter is the introduction. On the basis of research background, purpose and significance of Chinese grain import, it summarizes and evaluates the related researches on domestic and international grain trade, and puts forward its basic study thought. According to the basic theory of trade, the second chapter analyzes the influence mechanism of changes in supply and demand to Chinese grain import, sets out the research path of "scale-structure-supply and demand" on Chinese grain import, and normatively analyzes its scientificity and feasibility.

From the third to the eighth chapter, they are the core parts of this paper, mainly with the empirical analysis and normative analysis for the summary of conclusions of empirical analysis. The main conclusions are as follows: (1) China's grain trade is facing problems like declining international competitiveness of grain products, increasing of dependence on foreign trade, rising of trade risk resulting from unreasonable trade structure, etc.; (2) There is a one-way causal relationship between Chinese grain production and demand domestically and grain import, that is the grain production and demand in China will impact the grain import, but the impact of grain import to grain production and demand is not significant; (3) The changes of Chinese grain import shows the significant consistency with the changes of world grain export, and Chinese grain import highly depend on and has strong trade complementarity with the major grain exporting countries; (4) According to CMS analysis, gravitational effect is the most significant factors effecting the changes in Chinese grain import, but the effects of market structure and product structure are weak. The former result indicates that the gap between grain supply and demand domestically is an important factor for the expansion of Chinese grain import, while the latter shows that the market and product structure of grain import are not very reasonable; (5) By the analysis of principal components, grain import is an important regulatory factors of grain security. And at present, the collected data also shows that, the scale of Chinese grain imports is highly positively correlated to its grain security scores, demonstrating that the current stage of Chinese grain import has important role in the regulation of grain safety; (6) To optimize Chinese food import trade situation, we could consider the combination of measures in three aspects: on scale, just control the net grain import rate below 20%; on product structure, moderately increase import of cereals and gradually decline the import of soybean; on market structure, appropriately increase grain import from South America, Australia and Russia, ASEAN and other neighboring economies.

The ninth chapter is the last part of the paper. Based on the summary of the above conclusions, it puts forward some suggestions for motivating steady development of Chinese grain import from the aspects of strengthening macroeconomic management in grain import, stabilizing the sources of grain import, optimizing the species composition of grain import, improving the policy on technical measures of grain import.

目　录

CONTENTS

第 1 章

绪论

1.1 研究背景

随着农产品贸易逐步自由化,国际粮食贸易有了迅猛发展。作者根据联合国统计署数据库中的数据计算可得出,2012 年世界谷物类粮食出口总额比 2002 年增加了 829.71 亿美元,11 年间增长超过 2 倍,年均增长达 21.46%。粮食贸易早已成为调节国际粮食供求关系和影响各国粮食安全的重要因素。中国作为世界上人口最多的国家,是典型的粮食需求大国。尽管中国长期以来都保持了 95% 以上的粮食自给率,但受国内粮食供求波动影响及粮食品种调剂需要,中国仍是世界粮食贸易中的主要成员之一。

近年来,国际粮价一路飙升,各主要粮食品种的价格也轮番上涨并创下历史新高。根据世界银行 2013 年 4 月发布的《粮食价格观察》显示,粮食价格仍高位运行,与 2012 年同期相比,主要粮食价格均出现较大幅度增长,如小麦、玉米和大米的价格分别上涨 15%、8% 和 5%,而仅 2007 年国际粮价就曾上涨 42%。与此同时,全球粮食产量增长逐步放缓,粮食储备水平不断降低,粮食需求则呈刚性增长。特别是人口众多的发展中大国,粮食的食用、饲用等需求都特别大,国内供需缺口显著。然而,国际市场波动无常,对粮食进口的过度依赖将使发展中大国的经济面临巨大风险。在这样的背景下,有必要对大国粮食进口规模与结构问题进行研究。

1.2 研究目的与意义

1.2.1 研究目的

本书将结合粮食市场供需双向变动来研究中国粮食进口贸易的发展及其结构调整。一方面,本书要分析国内外粮食供给变动对中国粮食进口规模及结构的影响,另一方面,要分析国内外粮食需求变动对中国粮食进口规模及结构的影响分析,以找到中国粮食进口贸易规模合理化与结构优化的方向,并进一步探寻实现中国粮食进口贸易规模合理化与结构优化的必要条件。具体而言,本书要通过对国内外粮食供需变动与中国粮食进口贸易的相关性的研究,揭示中国粮食进口贸易现有规模和结构的形成机理;要通过对现有规模和结构合理性的考察,挖掘其中存在的问题;在以上研究基础上,结合中国粮食安全状况,寻求中国粮食进口贸易规模与结构合理化的路径,提出符合国际、国内形势的促进中国粮食进口贸易健康发展的政策建议。

1.2.2 研究意义

粮食是人类生存和发展的基础,在各国经济中都具有举足轻重的作用。粮食问题不仅关系到人类生命的延续,还同一个国家的安全与发展紧密相连,甚至影响到整个世界的和平与稳定。这一特殊性也使得粮食国际贸易问题成为各国政府都非常敏感且极易引起贸易摩擦的问题之一,长期以来,学术界和粮食市场参与各方也共同关注着这个焦点话题,已有的相关研究成果也已相当丰富。但随着各国经济的发展与国际交往的深入,当前研究中国粮食的进出口贸易仍然具有重要的理论意义和现实意义。

理论意义主要体现在两方面。一是有利于丰富粮食国际贸易理论研究。大卫·李嘉图的比较优势理论指出，一国应该出口其具有比较优势的产品、进口其处于比较劣势的产品；赫克歇尔—俄林的要素禀赋论进一步指出，有比较优势的产品是那些大量使用本国供给丰裕的生产要素的产品。在传统意义上，粮食属于土地密集型农产品；在现代科技条件下，粮食生产逐步由劳动密集型农产品转变成为资本和技术密集型农产品。与美国等西方发达农业大国相比，中国在土地、资本、技术上并不丰裕，即粮食在中国是处于比较劣势的产品，中国应该是粮食的净进口国。但自新中国成立以来，有不少年份中国都是粮食的净出口国。2000—2012年，仅有4年中国是粮食净进口国。可见，上述理论难以解释这一现象。本书结合国内外供给和需求因素变化来研究中国的粮食贸易，一定程度上能丰富现有的粮食国际贸易理论。二是有利于完善粮食国际贸易理论应用基础研究。已有的国际贸易理论多数都是站在供给的角度来解释国际贸易的产生与发展，仅有少数理论是以需求为出发点的。本书借鉴产业内贸易理论和国家竞争优势理论，结合供需两方面的因素来研究粮食国际贸易相关问题，其分析框架在研究粮食国际贸易领域有一定应用价值。

现实意义也主要体现在两面。一是有利于各方认清中国粮食贸易的发展趋势。现代意义上的国际粮食贸易始于英国的工业革命，工业化的发展不仅带动了英国新兴工业城市的崛起，也直接造成了英国农村人口的锐减，以其当时的粮食生产规模，根本无法满足其庞大的工人阶层的需要，因而带来了国际粮食贸易的急剧发展。随着中国的经济发展，城镇化的步伐越来越快，据中国国家统计局数据显示，目前中国大陆有13.47亿人口，其中有51.27%的人住在城市，这是中国历史上首次出现城市居民人数超过农村居民人数的情况（中国海关，2012）。这也预示着中国粮食进口压力的加大。本书通过对国际国内粮食供需因素的变化及趋势分析，能让有关各方深入了解当前中国粮食贸易所处的环境，并有效预期中国粮食贸易的发展。二是有利于政府从宏观层面制订优化中国粮食贸易的支持政策。本书通过分析中国及世界其他各不同经济发展水平国家粮食供需变化与中国粮食进口贸易的相关性，对中国粮食进出口贸易规模与结构的影响因素进行测算,着重分析中国粮食进口贸易规模与结构会受哪些因素影响及其影响程度,并结合其对中国粮食安全的影响来判断其合理性,进而提出中国粮食进口贸易规模和结构合理合理优化的方向,对政府制订有效政策以支持、引导中国粮食进出口贸易走向合理化、确保中国粮食安全具有重要现实意义。

1.3 国内外研究动态及评述

1.3.1 经典国际贸易理论研究

国际贸易理论最早可以追溯到 15 世纪的重商主义,在其基础上分离出了保护贸易理论和西方传统国际贸易理论两大学派。传统国际贸易理论以自由贸易为理论前提,对国际贸易的发展影响深远。

比较优势理论堪称传统国际贸易理论的基石,由大卫·李嘉图于 1817 年首先提出。李嘉图批判地继承和发展了亚当·斯密绝对优势理论,基于一国可能会在所有的产品上都不具有绝对优势、却同样能从国际贸易中获利的现实,以完全竞争市场、规模报酬不变、要素质量相同且要素数量固定等为假设条件,比较优势理论认为:只要一国在其国内产品的生产成本和价格上存在差别,就一定会在某些产品上拥有比较优势,也就能在国际贸易中通过出口其拥有比较优势的产品而获利(斯密,1981;李嘉图,1976)。

李嘉图之后的许多经济学家运用不断放宽比较优势理论中假设条件的方法对这一理论进行了修正和发展。19 世纪,穆勒的相互需求论将需求因素导入国际贸易中,补充了比较优势理论下国际贸易为双方带来利益的范围及分配问题;马歇尔的提供曲线论则用几何分析方法说明了相互需求论中贸易条件的决定与变动。20 世纪初,赫克歇尔和俄林引入资本作为劳动之外的另一生产要素进行分析,将贸易产生的原因推广为生产产品所需不同要素投入量的差异,即各国具有的劳动要素与资本要素的丰裕水平决定了其比较优势所在(俄林,1986);萨缪尔森(1992)进一步推论到以比较优势为根据的自由贸易会导致国际间生产要素价格的均等化。波斯纳(2009)的技术差距论把技术又当作一种独立的生产要素,认为一国的技术优势使其获得了出口方面的优势。林德(1961)的偏好相似说以两国间需求偏好的相似程度来解释两国间贸易(特别是工业品贸易)可能性的大小。弗农(1966)的产品生命周期理论以动态化的观点分析了产品在新生期、成长期和成熟期要素密集度的转变,解释了不同类型国家能在产品的不同阶段上享有比较优势并参与国际贸易的现实。克鲁格曼(1979)的规模收益递增理论用"规模经济"解释了相似资源储备国之间和同类工业品之间的相互贸易。20 世纪 70 年代的产业内贸易理论在经过了佛丹恩、巴拉萨等人的经验性研究和格鲁贝尔、克鲁格曼等人的理论性研究后表明,产品差异、规模经济、偏好相似等因素会导致产业内贸易的产生。迈克尔·波特(2002)的国家竞争优势理论以"创新是竞争力的源泉"为核心,以企业竞争优势为切入点,从要素状况、需求状况、相关和支持产业以及企业战略、结构与竞争等方面剖析了国家竞争优势的来源。

1.3.2　国内外粮食进出口贸易相关研究

1. 国外研究

国外关于粮食贸易的研究较多集中在粮食国际贸易的格局及其形成原因方面。Caves R.E.和 Pugel T. A.(1982)采用北美谷物出口协会成员国提供的数据,对 Caves(1978)所提出的关于粮食贸易市场结构和竞争情况的命题进行了检验。结论显示,在确保规模经济和非竞争性行为无共同利益的基础上,参与国际粮食贸易的大型骨干企业之间的竞争性行为表现出协调性。Nick Butler(1983)认为,粮食国际贸易规则的控制不力,加重了因恶劣天气、病虫害等影响下的粮食贸易不确定性对相关国家所造成的不良影响。他还从各国政府赋予农业部门的特殊重要性、相互间共同利益的缺乏以及主要谈判国对当时规则的接受度三方面分析了粮食贸易自由化受阻的原因,并对建立能减少补贴战和优化资源配置的粮食贸易新规则的途径进行了解释。Valluru、Siva Rama Krishna、Peterson 和 Wesley (1997)结合 Heckscher-Ohlin-Vanek(HOV)模型,研究了环境保护法规对粮食国际竞争力及国际粮食贸易格局的影响。结果表明,国家要素禀赋能较好解释粮食贸易格局的形成,环保法规对粮食比较优势的影响不显著。Mercier S.(1999)分析了世界粮食贸易的增长。世界粮食贸易量占粮食总消费量的比重已由 18 世纪的不足 0.03%上升到了 20 世纪末的 10%以上。他认为,粮食贸易的快速增长主要是信息技术发展给买卖双方信息沟通带来便利所致,进入 21 世纪后粮食信息需求的持续增长将威胁已有的基础设施。Raj Patel(2008)深入分析了世界粮食贸易体系中不同主体的状态,即美国的国家意志和力量、国际金融大鳄、世界粮食巨头主宰着世界粮食贸易体系的形成、发展与演变,世界贸易组织、世界银行、国际货币基金组织等国际组织是主宰着发挥权利的国际通道,粮食生产国的农民、粮食进口国的消费者则分别是粮食原料品种与收购价格、粮食产品种类与消费价格的被动接受者。Mitchell Andrews、Hamid Seddighi、Simon Hodge、Bruce A.McKenzie 和 Shyam S.Yadav(2010)对豆类粮食产品的国际贸易情况进行了分析。他们分析比较了世界各国 2001—2007 年主要豆类粮食作物的进出口数据,结论认为,豆类粮食的主要出口国为发达国家,前五大出口国分别是加拿大、澳大利亚、法国、美国和土耳其;前五大豆类粮食的进口国分别为印度、西班牙、埃及、孟加拉国和比利时。Marc Sadler 和 Nicholas Magnan(2011)对中东和北非地区的粮食进口依存度进行了研究。他们指出,受耕地资源和水资源缺乏的严重制约,加之人口增长和收入水平的提高所带来的粮食需求的增加,中东和北非地区的粮食进口依存度不断提高。他们还从粮食供应风险、交易对手履约风险、价格风险等方面对粮食进口大国可能面临的粮食安全问题进行了剖析,并从风险管理的角度提出了相应的战略选择。美国钢铁工人联合会主席 Anonymous(2011)指出,三大粮食产品(小麦、玉米和大豆)的世界贸易量在近 20 年内可能增长 50%。联合国粮农组织预期世界人口将在 2030 年左右出现较大规模增长,届时小麦贸易量可能有当前的 1.24 亿公吨增至 1.9 亿公吨。钢铁工人联合会还预计玉米和大豆将有类似增长。Elena Lioubimtseva 和 Geoffrey M.Henebry(2012)从制度变迁、土地利用与气

候变化以及全球经济发展趋势等角度分析了俄罗斯、乌克兰和哈萨克斯坦在未来
几十年里对全球和区域粮食安全产生与贸易产生重大影响的可能性。

2. 国内研究

（1）关于粮食贸易格局的研究。

国内关于世界粮食贸易格局的研究也相当丰富。温思美、庄丽娟（2003）介绍
了 14 世纪以来谷物国际贸易格局的演变，即 14 世纪后，欧洲粮食贸易已具相当
规模；15—16 世纪，荷兰阿姆斯特丹成为世界粮食贸易中心；17—18 世纪，美洲大
陆成为世界谷物出口一方，欧洲、西印度群岛成为进口一方；二战前，美国成为世
界最大的粮食供应者，西欧则是主要的进口区域；二战后，美国仍是粮食出口第一
大国，其出口量约占世界粮食出口的 2/5，其他较为集中的出口地有欧盟、阿根廷、
澳大利亚和加拿大，进口以日本、中国、印度、韩国、埃及、墨西哥等为主。胡非凡、
施国庆（2007）指出，2005—2006 年度世界小麦的主要出口国为美国、澳大利亚、
加拿大、欧盟、阿根廷，大米主要出口国为泰国、越南、美国、中国、巴西，玉米主要
出口国为美国、阿根廷、中国，大豆主要出口国为美国、巴西、阿根廷。他们采用净
出口、国际市场占有率、显性比较优势指数和贸易专业化系数四个指标，对主要产
粮国四大粮食品种的国际竞争力进行了分析，验证了上述格局，并得出粮食产品
最具国际竞争力的国家是美国和阿根廷。杨晓智（2009）通过对近 20 年来世界粮
食生产、消费和贸易情况的分析指出，世界粮价波动周期性明显，国际粮价上涨的
根本原因仍在于供需基本面的变化。据他预测，短期内全球粮食供求有所改善，
中长期内粮食需求增速要快过粮食产量及供给增速，全球粮食供求会长期趋紧。
杨正兵、董葶（2009）谈到了当前粮食贸易格局的显著变化，即在国际粮食贸易的
进一步整合过程中，传统的粮食贸易公司［如大陆谷物（Continental）、安德烈
（Andre）等］或者转型或者关门，而拥有完整供应链系统的寡头公司［如邦基
（Bunge）、嘉吉（Cargill）等］将占有越来越大的市场份额和国际影响力。封志明、赵
霞、杨艳昭（2010）对 1961—2006 年间全球粮食贸易的时空格局和地域差异进行
了定量分析，结果表明，受各区域人粮对比关系变化以及发达国家与发展中国家
在国际粮食贸易格局中角色转换的影响，全球粮食贸易格局在时空分布和地域格

局上都有了显著改变。从粮食数量看,发展中国家已取代发达国家成为全球最大的粮食进出口贸易区;但从贸易额看,发达国家始终保持着全球粮食贸易净收益者的身份,发展中国家却依然维持着粮食贸易的逆差态势,且两者间的差距仍在扩大。刘忠涛、刘合光(2011)认为,北美和欧洲是世界粮食主要出口来源,2010年二者的粮食出口总量分别占世界出口总量的41.75%和17.81%;亚洲和非洲是世界粮食主要进口区域,二者的粮食进口总量分别占世界出口总量的48.58%和21.97%。他们还分析了1990—2010年世界粮食贸易格局的变化:北美出口份额缩小但进口份额扩大,亚洲相反;欧洲的进出口份额均有所缩小;非洲、拉丁美洲、大洋洲的进出口份额则均有所扩大。余莹(2011)根据联合国粮农组织近几年数据的统计得出,西方发达国家已成为国际粮食贸易的主要出口方,且主要粮食出口国基本就是美国、加拿大、欧盟、阿根廷、澳大利亚、加拿大等,主要稻米出口国为印度、巴基斯坦、泰国、美国和越南。袁平(2013)对国际粮食市场与中国粮食贸易的演变过程、影响因素和相互关系进行了深入分析,并指出在国际粮源可获得性和国际购粮支付能力方面,中国利用国际粮食市场的空间和能力均很大。

国内有不少学者对中国的粮食对外贸易格局进行了研究。尚长风(2010)以1961年为时间界限,分析了该年前后中国粮食对外贸易的市场格局变化。以1961年为转折点,粮食进口由以前的临时性应急之策转化为长期的战略性举措,当年中国粮食进口量达580.97万吨,其中小麦进口量占到了世界小麦进口量的12.3%,进口来源也由之前的苏联、东欧等社会主义国家转向了澳大利亚、加拿大、美国等西方资本主要国家。乔娟(2004)以水稻、玉米和小麦为研究对象,选用1990—2002年间相关数据,运用市场占有率、贸易竞争指数、固定市场份额模型、显示性比较优势等指标,分析得出中国水稻国际竞争力较高、玉米和小麦国际竞争力很低。与之相符,中国在当时是世界大米出口主要地之一。庄丽娟、刁慕容(2004)对中国的谷物外贸格局进行了分析,指出当时中国主要在国际市场进口小麦、出口大米和玉米,进口来源主要是加拿大、美国、澳大利亚、泰国和巴西,出口流向相对分散,相对集中在亚洲、非洲和东欧。穆丹、刘慧芳(2010)指出,中国"十一五"时期粮食进口来源国主要有美国、巴西、阿根廷、马来西亚、澳大利亚,2006、

2007、2008 年中国从前三位国家进口的粮食量占粮食总贸易量的比例分别为
43.05％、46.58％、53.89％。贾建华、贾蕾(2007)结合 1997—2005 年中国粮食进
出口数据分析得出,中国粮食出口以玉米、大米和小麦为主,进口以小麦、大豆为
主。郑少华(2011)认为,1995 年之前中国从国际市场主要进口小麦,1996 年以后
小麦进口量急剧下降,大豆成为主要进口粮食品种,其进口量占进口粮食总量
80％以上;1996 年以后小麦进口量急剧下降,大豆成为主要进口粮食品种。2003
年后,中国占世界粮食出口量比重缓慢下降,2007 年仅为 0.15％;进口量比重则
不断上升,2007 年达到最高值 11.71％。刘林奇、曾福生(2013)通过对我国粮食
贸易国际竞争力进行定量分析得出,我国粮食国际竞争力与美国、澳大利亚、泰国
等主要粮食出口国差距明显,这也是导致当前我国粮食贸易格局形成的重要
原因。

　　(2) 关于粮食价格波动与粮食贸易的研究。

　　曾福生、高鸣(2011)以小麦进出口贸易为例,在价格弹性理论基础上,从进口
价格弹性、出口价格弹性、进出口价格弹性、交叉价格弹性四个角度分别对中、美、
日 1989—2008 年的数据进行了分析。结论显示,美国小麦进口价格及日本小麦
出口价格富有弹性,而中国小麦进出口价格都富有弹性;但中国小麦需求对美国
小麦价格缺乏交叉弹性。包宗顺(2011)对 1990 年以来世界小麦、玉米、大豆、稻
米的生产变动趋势、贸易变动趋势和国际市场价格变动趋势及成因分别进行了分
析。他指出,当前国际粮价大幅波动并非生产失衡导致,能源价格上涨和金融市
场炒作是关键因素;稻米价格波动最大,其国际贸易形势也相对较为严峻。孙林
(2011)以大米为例,利用时间序列数据实证分析了 2007—2008 年粮食主产国出
口限制对国际粮食价格的影响。研究表明:在特定时期粮食主产国的出口限制政
策因影响大米主产国的贸易量而对国际粮食价格有显著的负向影响。他认为,在
区域合作框架范围内,通过区域内粮食主产国的磋商,限制粮食主产国出口限制
政策的使用,是抑制国际粮食价格大幅波动的可选政策。王锐(2012)基于 2003
年—2011 年 8 月的月度时间序列,采用协整分析、格兰杰因果检验等实证方法,从
粮食安全的角度,研究了中国粮食贸易与国际国内价格之间的关系。结果表明:

由于中国粮食进出口都不存在"大国效应",所以中国粮食进出口并不能影响粮食的国际市场价格,但国际粮价和国内粮价的变动都会影响中国粮食的出口。他认为,中国可适当降低国内粮食自给率,加大粮食进口,以进一步利用国际市场保障国内粮食安全。王新华(2013)采用 VAR 模型对我国粮食进出口、国内粮价、国际粮价三者的关系进行了实证研究,结论显示,国际粮价对粮食进出口的影响均较大,而国内粮价对粮食进口影响较大,但对粮食出口影响相对较小。

(3)关于粮食生产波动与粮食贸易关系的研究。

朱晶、钟甫宁(2000)采用实证分析法检验了中国粮食生产波动与世界粮食生产波动的相关性,并从供应安全性和经济可行性两方面对利用世界市场稳定中国国内粮食供应的可行性进行了探讨,其结论指出,部分利用粮食国际贸易来实现中国国内粮食供应的稳定所面临的安全风险极低,而且还能使中国稀缺的耕地资源得到更有效的利用,若中国进口粮食数量具备一定的可预测性,世界粮食市场价格则更趋于稳定。2004 年,二人又对入世后中国与世界粮食生产的波动进行了比较。他们搜集了 1978—2001 年间中国和世界谷物产量数据,分别对水稻、玉米、小麦等主要粮食作物的国内产量年度间波动与世界产量波动的相关性进行了测算,结论显示,两者波动的同步性不明显。他们进一步指出中国利用世界粮食市场稳定国内粮食生产波动的可行性很强,中国的粮食生产和贸易可以更大程度融入世界粮食市场。徐翔、孙文华(2002)以中国各年粮食生产经济波动为被解释变量、以滞后一年的粮食净进口额为解释变量进行了回归分析,结果影响显著,即说明当年中国粮食净进口的增加会显著导致下一年其粮食产量的增加。白石、梁书民(2007)较全面分析了世界粮食的供求形势与发展,他们认为,粮食收获面积体现的是粮食生产的资源潜力,单位面积产量综合体现的是农业生产技术水平(单产变化体现的是农业技术进步的发展速度),粮食产量是收获面积和单产共同作用的结果,人均粮食产量反映的是一个地区的农业综合实力。综合起来,中国粮食生产并没有多大的自然潜力,但具备较高的粮食生产技术水平和一定的农业综合实力;中国粮食产业走出去适合选择粮食自然潜力大但生产技术水平不高、农业综合实力弱的地区,如撒哈拉以南非洲、亚洲、中南美洲等。于浩淼(2010)对中国入世后的粮食生产与贸易情况进行了梳理,对 20 世纪 90 年代中后期中国粮食进出口逆转的性质进行了分析。他认为,中国粮食流通格局由"北粮南运"演变为"南进北出"是符合比较优势规律的,中国三大粮食品种(小麦、大米、玉米)与国际市场的互动意味着中国一方面可以更充分发挥粮食生产的比较优势,即调整农业结构、推广优质粮食品种的种植,另一方面可以通过进口弥补国内粮食生产资源的不足,从而获取国际国内两个市场粮食生产资源的高效配置。王士海、李先德(2010)以全球粮食危机为时代背景,介绍了国际粮食市场的供求关系。他们指出,危机前,世界谷物产量整体增速放缓,供给偏紧;危机后,世界谷物产量及库存量均较高,供求形势相对宽松。但国内粮食生产经济成本和生态成本却不断上升,粮食进口量也在逐步攀升,所以他们认为中国首先要加强粮食生产能力建设以保证口粮的基本自给,另外可适当放开玉米等饲料粮进口,优化粮食进口结构。李英、赵文报(2013)指出,我国粮食供给能力减弱,粮食继续增产难度与风险加大,粮食进口压力增加,粮食安全面临挑战。

(4) 关于 WTO 规则与粮食贸易的研究。

余莹、汤俊(2010)认为,美国粮食战略以掌控国际粮食市场为目标,也由此主导了当前粮食国际贸易规则。在 WTO 自由贸易规则推动下,美国主导各成员方最终签订了 WTO 框架下的《农业协议》《与贸易有关的知识产权协议》(Trips 协议)。前者主要是通过"绿箱"和"蓝箱"政策留足了美国进行粮食补贴的空间,后者则为美国转基因种子及技术获得各国专利并在全球占据垄断地位扫除了障碍。另外,美国还充分利用 WTO 争端解决机制打击他国对其进行的粮食贸易管制。由于 WTO 中相关规则的定义、原则、适用要求的表述还存在漏洞或是含糊其辞,使得美国利用这一机制有不少的主动权。尤利群(2009)整理得出,自 1995 年 WTO 成立至 2009 年 6 月底,其争端解决机构(DSB)共受理了 26 件与粮食贸易直接相关的争端,而美国作为申诉方的就有 9 起,占 34.62%,最终的判决也多数有利于美国。即使部分争端最终裁定美国败诉,美国也已利用从起诉到裁决这段时期所采取的特殊保障措施打击了对方国家的相关粮食贸易管制。余莹

(2011)又从政治经济学的角度对国际粮食贸易规则的演进进行了重新解读。她提到,在经历了多边粮食贸易合同性质的小麦和谷物国际商品协定、关贸总协定时期没有法律约束力的粮食贸易管制后,最终形成了WTO框架下以《农业协议》为蓝本的粮食贸易一般性规则和特殊规则。按照经济学原理,西方粮食大国作为出口方,不具有谈判优势,但他们却能利用其经济实力,灵活设置WTO谈判机制而制定对其有利的粮食国际贸易规则。但多哈会谈的跌宕起伏体现了不同经济发展水平的谈判集团之间以及集团内部不同取向的国家间所进行的复杂的政治经济博弈,粮食国际贸易规则也并非完全能被发达国家所控制。唐锋、孙林(2013)分析了WTO关于约束粮食主产国出口限制措施的规定,指出受时代背景和立法初衷影响,WTO规则难免存在概念含糊、操作性差等缺陷,而多哈回合农业谈判所进行的修正仍不完善,那么中国为保障粮食安全,应在谋求WTO体制改革时继续完善粮食出口约束机制,并利用区域合作机制等途径来应对粮食出口限制的发生。

(5)关于粮食贸易双边关系的研究。

李节传(2005)以20世纪60年的中加小麦贸易为研究对象,分析了其对中国和加拿大所产生的意义。对中国而言,中加小麦贸易不仅巩固了粮食安全,还促进了农业变革、外贸多渠道变革,并冲破了美国的经贸封锁,对促进中国重返国际社会、打破美国的政治独立都具有重要意义。对加拿大而言,一方面是消除了二战后加拿大小麦严重过剩的现象,重振了加拿大的小麦经济;另外也推动了60至70年代加拿大经济的持续繁荣。徐振伟、翟菁(2010)对20世纪70年代美苏粮食贸易进行了系统回顾,在介绍了70年代美苏粮食贸易的背景、两次购粮高潮以及1975年后美苏粮食贸易走向的基础上,运用双层博弈模型对两国粮食贸易相关利益集团的行为分析得出,美苏间的粮食贸易实质是一场关于政治的较量。70年代的美苏粮食贸易建立在两国势均力敌的基础上,但随着两种势力的变化,美苏间的粮食贸易形势也随之改变。潘洪亮(2011)通过对云南省粮食生产及边境贸易的调研和分析,总结了云南边境粮食贸易的主要方式,即边民互市贸易、罂粟替代种植产品回收和国家间正式进出口粮食贸易;分析了其存在的问题,一是受相关政策限制,边贸难以形成规模,二是周边国家粮食上市时正值云南雨季,不利于贸易商收储,三是交通运输条件差,难以满足大规模粮食流通的要求。吕泂(2013)通过对 2003 年以来中国与东盟的农产品贸易进行分析得出,中国—东盟自贸区的建成对中国地缘政治安全和粮食安全有着重要保障作用。

1.3.3 国内外研究述评

从已有文献资料来看,国内外专家学者对粮食国际贸易进行了多方面、多角度的分析,不仅为本书提供了科学的理论性指导和翔实的研究性素材,还提供了大量可借鉴的研究方法,使本书能在较高的起点上对我国粮食贸易的相关问题进行探讨。但整体而言,国外文献对粮食国际贸易所涉及的宏观性因素或全球性因素影响下的粮食贸易研究较多,对微观性因素研究较少,对特定国家对粮食贸易的影响的研究也不丰富,且主要是针对粮食贸易大国或地区的研究,针对中国粮食进口贸易的专门性深入分析则更少。已有国内研究的不足主要表现在两方面。一是在研究内容上。首先,多是研究笼统概念下的粮食贸易,较少区分不同粮食贸易品种参与国际贸易的情形;其次,多是将中国的粮食进出口贸易与国内粮食生产(即国内供给)波动结合研究,较少结合国内外需求因素给中国粮食进出口贸易带来的影响进行分析;再次,鲜有文献对中国粮食进出口贸易的合理化规模和结构进行量化分析。二是在研究方法上。国内关于粮食进出口贸易的研究多采用定性研究,少有的定量研究也多以描述性的统计方法进行,计量模型的使用偏少。

基于此,本书以中国粮食进口贸易为研究中心,基于国内外粮食供求变动的研究视角,采用最新的粮食国际贸易统计数据,研究中国粮食进口贸易规模增长与结构变化,探究供求变动影响中国粮食进口贸易的动态变化过程和规律,揭示中国粮食进口贸易对中国粮食安全的作用关系,提出中国粮食进口贸易规模及结构合理优化的方向。

1.4 研究内容与方法

1.4.1 主要研究内容

一是分析中国粮食进出口贸易现状,特别是近年来粮食进口贸易规模和结构所呈现的特征,从理论上探讨其中存在的问题;二是基于国内外粮食供求变动,分析中国粮食进口贸易规模和结构变动的影响因素,实证检验主要因素对中国粮食进口的影响程度,并讨论中国粮食进口贸易与世界主要粮食贸易国的关系;三是分析当前中国粮食安全的基本情况,探讨粮食进口贸易通过影响国内粮食供给总量、结构和价格等方面进而影响国内粮食安全的可能性和影响程度;四是在以上分析基础上,从进口规模、产品结构、市场结构等角度,探寻中国粮食进口贸易合理优化的方案。

1.4.2 主要研究方法

为较好地对上述研究内容进行分析,本书采用主要采用规范分析、实证分析、比较分析相结合的方法。首先,在已有研究成果文献对粮食供求变动影响粮食国际贸易做理论上定性判断的基础上,运用规范分析方法阐述中国粮食进口贸易现状和特征,为实证研究提供依据。然后,选择协整分析法、格兰杰因果检验法、贸易强度与互补度指数法、恒定市场模型(CMS)等计量方法与模型,分析检验国内外粮食供求因素变动对中国粮食进口贸易规模及结构的影响;特别是在对中国粮食进口变动进行 CMS 模型分析时,还运用比较分析法对中国与其他几个主要粮食进口国的粮食进口 CMS 模型结果进行横向比对,更科学地把握各项影响因素的影响程度。最后,通过粮食贸易的品种集中度、市场占有率、竞争力指数等指标的测算,与主要粮食贸易国进行对比分析,以便更准确地把握中国粮食进口贸易格局优化的方向。

1.4.3 本书技术路线

基于以上主要研究内容及研究方法,绘制本书的技术路线如图 1.1 所示。

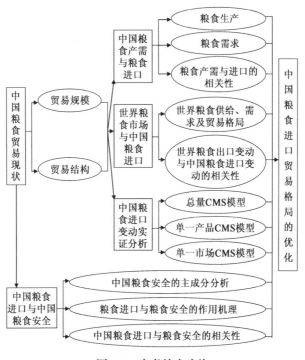

图 1.1 本书技术路线

1.5 粮食概念的界定

粮食作为人类赖以生存的最基本的生活必需品,也是人们日常生活中最常见的产品。但到目前为止,尚没有对粮食的规范性的学理定义,大多都是采用约定俗成的列举式的称谓。然而,因所处时代、社会经济发展水平、种族、文化、消费习惯等方面的不同,各国家或地区对粮食的理解也不尽相同。

根据联合国粮农组织(FAO)界定,粮食主要是指谷物,包括小麦、稻谷和粗粮,其中的粗粮则主要指玉米、高粱、大麦、黑麦、燕麦、荞麦等其他杂粮品种。国际上通行的粮食概念与之基本一致,国外在统计粮食贸易量时,一般是指谷物的贸易量。在中国,粮食概念有广义和狭义之分。广义的粮食概念是指谷物类、豆类和薯类的集合,而狭义的粮食概念则仅指谷物类,主要包括稻谷、小麦、玉米、大麦、高粱等,与国际上通用的粮食概念基本一致。从 20 世纪 90 年代起,尽管国家统计局的统计年鉴和摘要均在粮食总产量栏目中另外列出谷物总产量指标,但一般公开采用的仍是广义的粮食概念(马德来,2005)。

本书采用广义的粮食概念,主要针对大米、小麦、玉米和大豆四类粮食品种的贸易情况进行分析。尽管国际上未将大豆归为主要粮食品种进行统计,但大豆却是中国部分地区的传统主要粮食品种,而且中国大豆贸易的发展与演变对谷物的贸易发展有着重要借鉴意义,因此,对中国粮食进口贸易的分析应该包含大豆因素。除特殊标明外,本书中的粮食总量为谷物总量和大豆总量的和,由于除大豆以外的其他豆类以及薯类在中国粮食进出口贸易中所占比重极小,因此,不会影响本书的分析结果。

第 2 章

大国粮食贸易研究的理论基础

在经济全球化发展趋势下,参与国际贸易与国际竞争已经成为各经济大国获取贸易利益、促进经济发展的重要途径。由国际贸易的理论和实践可知,不仅出口贸易能促进一国经济发展目标的实现,进口贸易在调节市场供求、优化资源配置、促进经济发展等方面也有着重要作用。然而,对于发展中大国来说,不断增长的进口贸易则可能因过高的进口依存度而给国家经济安全带来隐患,作为战略物资的粮食进口尤其如此。本章从国际贸易的基本理论出发,分析供给和需求变动对贸易的作用机理,进而提出大国经济安全视角下的中国粮食进口贸易研究路径。

2.1 国际贸易基本理论

国际贸易是人类社会发展到一定阶段的必然产物,是人类社会分工专业化的必然结果。只要在不同的国家或经济实体之间有可供交换的剩余产品的存在,就会产生国际贸易。随着国际分工专业化的加深以及技术进步的加快,国际间的相互需求使得各国不仅在产品和服务的国际贸易上形成了相互依赖,而是更广泛地在生产、金融、技术以及政策与制度等领域进行着相互依存的国际贸易,国际贸易的方式、领域、范围也随之发生了根本性变化。尽管国际贸易的影响因素众多,但对一国对外贸易产生根本性影响的两大因素还是供给与需求。围绕国际贸易产生原因、进行、结果及政策研究的国际贸易理论，也可依研究视角的不同，大致划分为基于供给角度的贸易理论和基于需求角度的贸易理论两类。

2.1.1　基于供给角度的贸易理论

由国际贸易发展的历史经验可知，可供交换的剩余产品是国际贸易产生的前提条件之一，这表明供给因素对国际贸易的产生及结构变动有着决定性作用。正因如此，从早期的重商主义思想，到后来的绝对优势、比较优势理论，以及当代新兴贸易理论等，大多都是基于供给视角对国际贸易的产生及结构变动进行了探讨。事实上，供给条件对于贸易结构的影响主要是通过生产要素供给条件的改变来实现的。生产要素供给条件决定了一国在国际分工中的地位，由此决定了该国的对外贸易结构。以贸易理论所依据的不同的生产要素供给为基础，可将基于供给角度的贸易理论分为三种类型：不同生产技术水平下的贸易理论、不同生产要素禀赋下的贸易理论和不同生产规模状态下的贸易理论。

1. 不同生产技术水平下的贸易理论

作为供给条件的关键性决定因素，生产技术水平的变动直接影响着一国生产与供给结构的变动。最早的古典学派的劳动价值说认为，劳动是唯一的生产要素，劳动生产率的差异即体现了生产技术水平的差异，是一国参与国际分工、从事国际贸易的重要决定因素。在古典国际贸易理论的代表人物亚当·斯密和大卫·李嘉图看来，由于各国劳动生产率存在绝对或相对差异，导致各国所生产的同一产品存在价格差异，对这种价差利益的追求成为国际贸易产生的动因。西方国际贸易新理论则从动态的角度阐释了生产技术水平与国际贸易结构变动间的关系。波斯纳(1961)提出的技术差距论把国家间的贸易和技术差距联系起来，认为正是一国的技术优势使其在获得出口市场方面占优势，当一国创新某种产品成功后，在国外掌握该项技术之前产生了技术领先差距，从而可以出口技术领先产品；而当一国创新的技术被其他国家所模仿时，其他国家会因自行生产而减少进口，技术创新国与模仿国之间因技术差距而产生的这类创新产品的国际贸易额会逐渐缩小;但在动态的国际经济社会中,科学技术水平先进的国家会不断通过技术研发创新而产生新的技术差距,创造新的国际贸易,推动国际贸易格局的改变。1965 年,基辛、格鲁伯等人提出的研究开发要素说也指出,发达国家研究开发要素比重大的产品,其国际竞争力也越强。1966 年,弗农提出的产品生命周期说重点解释了战后制成品国际贸易流向的动态变化过程。该理论认为,由于技术在国家间的传递与扩散,某个发达国家领先的新技术和新产品创新会逐步传递和扩散到其他发达国家再到发展中国家;而与该新技术相伴的产品在经历创新产品、成熟产品、标准化产品的生命周期过程中,其贸易流向也逐步由创新国出口、模仿国进口转向创新国进口、模仿国出口。

2. 不同生产要素禀赋下的贸易理论

在比较优势理论创立一个多世纪后,经济学家赫克歇尔提出了如何解释比较优势理论中两国成本比较差异的问题。他认为,比较成本差异的原因是各国资源禀赋状态的不同以及在不同产品的生产过程中使用各种生产要素的比例不同。柏蒂尔·俄林进一步指出,国际贸易的首要条件是有的商品能在某些地区比其他地区更便宜地生产出来。按照赫克歇尔—俄林(H-O)理论的基本思想,一国应出口使用其低廉生产要素比例大的商品,进口使用其高额生产要素比例大的商品。在新贸易理论中,不少经济学家从更为具体的要素禀赋对国际贸易的产生进行了解释。基辛的劳动熟练说认为劳动的熟练程度是国际贸易产生的重要因素之一,其理论依据主要有三点:一是劳动的熟练程度不易也不能迅速达到,发达国家熟练劳动所占比重要大于欠发达国家熟练劳动的比重;二是劳动的熟练程度在经济发展中起重要作用,而经济发展与国际贸易密切相关;三是劳动跨国移动成本高导致国际劳动边际生产力的非均等化,而资本跨国移动成本低带来了国际资本边际生产力的均等化,因此,主要靠劳动和资本生产出来的产品的比较优势主要由劳动的熟练程度来决定。舒尔茨则用人力资本差异对国际贸易的产生进行了解释。人力资本是政府、企业和个人投资于教育和培训的结果,表现为人的文化水平、生产技巧、熟练程度、管理才能、健康状况等方面。由于生产不同产品所需要投入的人力智能的高低、众寡不同,人力资本在不同产品的生产上也表现出不同的比较优势,如在生物能源产业需要较高、较多的人力智能,人力资本丰富的发达国家显然在这类产品的出口上更具比较优势。1978年,梅吉和罗宾提出了原料周期说,着重对世界主要原料贸易的发展进行了解释。他们将初级原料产品周期划分为三个阶段,即派生需求繁荣阶段、供应和需求来源代替阶段、合成代用品和/或研究与开发的介入阶段。在原料贸易早期,发展中国家凭借自然资源优势而成为主要的原料出口国;但发达国家则凭借后来合成技术的创新发展而占据了合成原料贸易的优势,原料进口不断减少,合成原料出口逐步增加。

3. 不同生产规模状态下的贸易理论

20世纪60年代以来,国际贸易出现了发达工业化国家间以及同类产品间贸易量大增的新倾向,这些倾向用"资源配置"已无法进行解释。侧重供给角度,克鲁格曼和艾瀚南于1985年提出的规模报酬递增说用规模报酬的概念较好解释了国际贸易的新倾向。他们认为,当某一产品的生产处于规模报酬递增阶段时,生产规模的扩大会带来单位产品生产成本的下降,进而取得成本优势,可以专业化生产并出口这一产品。可见,规模报酬递增也是国际贸易产生的基础。至于规模报酬之所以会递增,则主要源于内部经济与外部经济。若企业扩大生产规模后能更充分地发挥各项生产要素的效能,能更好地组织企业内部的专业化分工,能进一步提高厂房、机器设备等的利用率,便能取得企业内部规模经济效益;同时,若能更好地利用周边自然资源、交通运输、通信、金融等基础设施,便还能获得企业外部规模经济效益。然而,当企业规模的扩大带来的是内部规模不经济与/或外部不经济时,规模报酬则可能趋于递减,国际贸易的规模和结构也将随之调整。

2.1.2 基于需求角度的贸易理论

从国际贸易实践来看,世界经济的发展将国际贸易带入了更为广泛而深入的领域,需求对国际贸易的推动作用也日益显著,越来越多的学者开始从需求视角展开对国际贸易产生与发展的研究。

1848 年,经济学家约翰·穆勒提出了相互需求理论。在李嘉图比较优势理论的基础上,穆勒认为两国间商品交换的比率会随着相互间产品需求强度的变化而改变。但这一理论只能应用于经济规模相当且相互需求能对世界市场价格产生显著影响的国家间贸易的解释,如果两国经济规模相差悬殊,小国的需求强度远小于大国的相对需求强度,小国需求强度的改变不足以改变世界市场价格,也难以改变国际贸易的规模与结构。

19 世纪中后期,统计学家恩格尔对消费结构的变化总结出了被称为"恩格尔法则"的统计规律,即一个家庭的收入越少,家庭收入或总支出中用于购买食物的支出所占的比重就越大,而随着家庭收入的增加,这一比重会逐步下降。推广而言,恩格尔法则意味着随着人们收入水平的提高,需求收入弹性低的商品需求占收入的比重将下降,而需求收入弹性高的商品需求占收入的比重则会上升。这在一定程度上解释了外国居民收入水平及消费需求结构的变化如何影响对本国出口规模及结构变动的过程。

20 世纪 50 年代初期,刘易斯提出了牵引增长理论。基本观点是:发达国家的经济发展决定了进口需求的强度,牵引着发展中国家的经济发展。这种牵引作用的表现在于发展中国家初级产品出口对发达国家制成品生产具有依赖关系。刘易斯及其他支持此观点的学者还运用实证方法及历史资料对牵引关系进行了证明,刘易斯还推断,发展中国家初级产品出口增长率的 2/3 大体上可由发达国家生产的增长率确定。这一理论较好地解释了 20 世纪 80 年代以前发达国家需求对发展中国家初级产品出口增长的影响和制约。

1961 年,经济学家林德提出了偏好相似理论,着重从需求角度对战后工业国之间贸易产生的原因进行了解释。林德认为,一国产品的出口是建立在国内需求的基础之上的,而两国间产品出口的流向及贸易规模则取决于两国需求偏好相似的程度,需求偏好又由一国的平均收入水平来决定。因此,该理论的基本结论是:两国经济发展程度愈相近,人均收入水平愈接近,需求偏好愈相似,相互需求就愈大,贸易的可能性也就愈大。

2.1.3　基于供—求的贸易理论

在对国际贸易的产生、结果及影响进行分析时,首先必须要了解国际市场价格在何处确定。与国内市场一致,国际市场价格的确定也是国际市场上供给和需求两股力量共同作用的结果。如果只分析国际贸易中的供给或需求中的一方而忽视另一方就犹如孤掌难鸣或独木难支,难以看清国际贸易的全貌。垄断竞争模式、产业内贸易理论和国家竞争优势理论对供求因素相互作用而影响国际贸易格局的现象进行了较合理的解释。

张伯伦运用垄断竞争模式对战后国际贸易进行了解释,强调了消费者差异化需求及生产者规模经济的共同重要性。消费者的需求差异存在垂直差异和水平差异,垂直差异表现为消费者对同类产品中不同档次的选择,主要受到消费者收入水平的制约,水平差异表现为消费者对同类、同档次产品的不同规格、外形、色彩等的选择,主要受到生产者规模经济的制约。基于消费者差异化需求与生产者规模经济的相互关系,垄断竞争模式认为,各国生产者为了利用规模经济优势来降低单位生产成本,将仅生产少数几种反映国内大多数人需求偏好的差异产品以迎合国内大多数人的需求偏好,并出口部分产品满足国外少数人的需求偏好,而国内少数人的其他需求偏好则以进口差异化产品来满足。

20世纪70年代,在佛丹恩、巴拉萨等经济学家的经验型研究的基础上,格鲁贝尔、劳尔德等经济学家对产业内贸易进行了理论性研究。他们认为,产品差异性、规模经济与不完全竞争及偏好相似可以解释产业内贸易现象。受财力、物力、人力及生产技术约束,各国不可能在具有比较利益的部门生产所有差异性产品,因而每一产业内部的系列产品经常产自不同的国家;但消费市场的需求却是多样化的,使各国消费者对同类产品的差异性特点产生了相互需求,从而产生了产业内的差异化产品贸易。规模经济和不完全竞争是最普遍被用来解释产业内贸易的理论。规模经济的存在刺激各国各自专于该产业部门某些差异产品的发展,再相互进行产业内贸易来满足彼此市场上多样化的需求。偏好相似则是对林德理论的应用,即发达国家间产业结构相似,收入水平相近,消费结构基本相同,相互或重合需求大,形成了他们之间大量的产业内贸易量。

1990 年,经济学家迈克尔·波特提出了国家竞争优势理论。由于各国的竞争格局各不相同,各国不可能在所有产业或绝大多数产业上拥有竞争力,而是至多能在国内环境中最具有动力和最富挑战性的一些特定产业竞争中胜出。波特进一步将竞争优势归为四类,即要素状况、需求状况、相关和支撑产业以及企业的战略、结构、竞争等,并从动态层面上将一国竞争优势的发展分为了四个阶段,即要素推动阶段、投资推动阶段、创新推动阶段和财富推动阶段。根据这一理论,一国要提高经济实力和国际竞争力,须在创造公平的竞争环境中,既重视企业的创新供给力量,也重视国内的市场需求力量。

诚然,由于上述各贸易理论是在不同的时代背景下从不同的视角对不断发展变化的国际贸易现象所进行的解释,难免存在一定的不确定性和局限性。但这些内在联系紧密的贸易理论对中国粮食的研究仍具有极其重要的指导意义。从总规模来看,中国粮食在自然资源、劳动力资源和技术资源方面具有一定的供给优势。中国耕地总面积约 18.37 亿亩,占到世界耕地总面积的 7% 左右。粮食生产自新中国成立以来也取得了举世瞩目的成就,分别在 1949 年、1966 年、1978 年、1984 年和 1996 年年产量超过 1、2、3、4、5 亿吨,并占据了 21 世纪初期世界粮食产量 30% 以上的比重。但从人均水平来看,中国耕地资源处于显著比较弱势地位,世界人均耕地面积约为 4.8 亩,中国人均耕地面积则仅 1.3 亩左右。尽管近年来中国粮食产量取得了"十连增"的成绩,但其占世界粮食产量的比重已不足 20%。与此同时,随着国内粮食需求规模的扩大以及需求层次的提高,中国粮食进口规模的增长速度也远快于中国粮食出口规模的增长速度,中国粮食净进口规模越来越大。可见,特定的供给、需求条件在一定程度上决定了中国粮食的国际贸易方式与结构,而供给与需求条件的变化也改变了中国粮食进口贸易的规模与结构。因此,基于贸易基本理论的指导,有必要从供给和需求两方面就中国粮食产需与中国粮食进口及世界粮食产需与中国粮食进口展开对中国粮食进口规模及结构问题的研究。

2.2 供求影响贸易发展及其结构变动的机理

2.2.1 供求的概念与特征

按照经济学中的概念,供给是指生产者在一定时期内的每一价格水平上愿意且能够提供的商品或劳务的数量;需求则指人们在欲望驱动下的一种有条件的、可行的、最优的选择,这种选择能够在一定程度上满足人们的欲望。作为对卖方意图的描述,有效供给的形成需要两个基本要素,即生产者对商品或劳务有提供出售的愿望及提供出售的能力;而作为对买方意图的描述,有效需求的形成也有两个基本要素,即对产品或服务的购买欲望以及消费者自身的购买能力。以生产者行为理论为主要内容的生产者供给理论和以消费者行为理论为主要内容的消费者需求理论分别探讨了在各种价格水平下,理性的生产者如何确定所提供产品或服务的总量和结构以及理性的消费者如何选择所消费产品或服务的数量和结构。

以林达尔、波特、罗尔夫·韦特等学者的分析为基础,我们可以从水平构成和层次构成两方面来总结供求模式及其变动的特征。首先,水平构成是指不同种类产品或服务的相对供求规模及供求结构的发展变化。一方面,大而稳定的市场需求会形成特定的产业优势,诱导生产者扩大生产规模,获得规模经济,取得成本优势,增强供给能力;另一方面,特定的优势产业更容易比其他产业获得更多的优势资源,从而会进一步促进本产业供给的扩张。这种供需促进下形成的国际竞争优势会通过国际贸易的进行不断得以巩固和加强,并影响国际贸易结构的变化与发展。其次,层次构成指同一产业内差异化产品的相对供求规模及供求结构的发展变化。一般而言,一国只能在一定的产品质量层次范围内拥有比较优势,但由于消费竞争趋同求异性的存在,一国消费者的消费往往是既效仿时尚以追随潮流,又坚持差异性消费以反映不同的需求层次。这种由消费者相互攀比而形成的差异化消费需求以及消费者对高质量产品不断追求而形成的需求层次升级,对生产者所提供产品或服务的供给提出了更多差异化及更高质量的要求,为生产者不断创新产品或服务提供了依据与动力。同样,由"水平构成"与"层次构成"共同作用的供求模式也影响着中国粮食进口的贸易规模与结构,可以据此对中国粮食进口贸易的发展做出判断。

2.2.2 影响供求的主要因素

影响一国产品供给和需求的因素很多,学者们基于不同的角度也提出了不同的影响因素。从供给来看,主要有三个方面:一是价格因素。产品自身价格是影响产品供给的决定性因素,一般情况下,产品供给量会随着自身价格的上升而增加;但受到产品生产周期长短、生产规模变化难易程度、价格变动影响期长短、产量增加带来成本增加的程度等因素影响,不同产品产量对价格变动的敏感程度不同,据 G. T. Jones 早期计算,粮食属于较缺乏价格弹性的产品。二是资源禀赋因素。资源禀赋从基础条件上决定了产品供给的可能性,土地、矿产、水、气候等先天资源禀赋程度决定了一国相应产品供给的先天优劣势与增产潜力。三是技术因素。在既定的资源禀赋条件下,生产技术的提高会使资源得到更充分利用,从而增加产品供给;早在 1988 年,Ritson 就提出了技术的改变能够引起供给迅速增加的观点,朱希钢(1997)的研究结构也表明,技术进步是中国粮食生产增产的第一推动力。从需求来看,也主要有三个方面:一是人口规模及构成因素。人口总量的上升无疑会带来需求量的增加,而人口规模越大,构成越广泛,需求的市场细分程度就越高;以一个家庭为例,在人均收入等因素相同的情况下,人口多的家庭的主食需求较大,主食需求曲线将上移,副食需求曲线将下移,人口较少家庭的不同产品的需求曲线则将向相反方向移动。二是收入因素。收入水平是制约消费需求结构的基本因素,收入水平越高,人们消费需求的质量、层次也越高;同时,家庭收入水平档次的拉开将会激发"买者竞争",对需求收入弹性大的高质量产品的需求将明显增加,从而影响整个需求结构。三是城市化因素。由于农村居民与城市居民对相同水平的需求函数不同,随着城市化进程的加快,人口逐渐由农村向城市转移,整个社会的生活方式和饮食偏好也随之变化,不同产品的需求曲线也以不同幅度或方向发生移动。尽管无论是在城市还是农村,人均粮食消费量都呈逐年减少特征,但城市人均直接粮食消费量要显著低于农村。

上述各因素通过影响一国供给模式、需求模式而带来了一国的供求平衡状态的变化,进而对一国国际贸易的规模及结构产生影响。可见,供求模式的影响因素亦是贸易结构的影响因素。基于此,本书第 4 章主要结合上述因素对中国粮食的供给和需求展开分析与预测,为研究中国粮食进口规模与结构的影响因素打下理论基础。

2.2.3 供求对贸易的作用机理

由上述贸易基本理论可以看出,供给和需求的共同作用带来了国际贸易的产生。从作用机理分析,供求对贸易的影响是通过供求结构改变引起产业结构的改变来实现的。尹世杰(1993)曾把需求结构、消费结构、产业结构的动态平衡模式归纳为:需求结构变化→产业结构变化→消费结构变化→消费需要层次上升→需求结构进一步变化→产业结构进一步变化……在消费需求的推动下,产业结构不断得以调整、优化与升级。然而,产业结构的调整、优化与升级是建立在已有投入要素供给条件的基础之上的,而产业结构调整、优化与升级的结果也直接带来了消费市场产品供给结构的变化。因此,既然贸易结构的变动以国内产业结构的变动为基础,而需求和供给分别构成了产业结构变动的根本动因和保障条件,那么,贸易规模与结构的变动原因就应到供给与需求结构中去寻找。

供求贸易功能的实现的具体分析如下:首先,由于一国市场需求较大,企业的生产规模即供给也随之扩大,规模经济的存在使得企业的单位生产成本得以降低,价格竞争力得以增强,别国产品进入难度加大,本国产品出口可能性增强。其次,对于生产大国来说,内部规模经济与外部规模经济将共同降低企业的单位生产成本,使之在国际市场上价格优势进一步突出,占据重要的国际分工地位。最后,一个具有庞大市场需求的国家,由于拥有了具有代表性的需求,生产者往往对产品更敏感,不断追求产品的改进与创新,为一国在产品的差异化与高端化生产上赢得先发优势,也推动这一产业的迅速发展,影响一国产业结构的调整与优化。然而,也有可能出现如下情形:首先,当企业规模的扩大受到国内资源等要素供给的约束时,国内市场供不应求的局面将导致投入要素及最终产品价格上升,国内产品价格竞争力下降。在其他非价格竞争因素不变的情况下,别国产品进入本国市场难度降低,一国原来即使在国内市场上可以和别国产品相竞争的产品也可能成为进口产品。接下来,对于需求大国来说,如果国内相关产品不具有生产上的资源优势,那么,国内强大的市场需求只会刺激在生产上具有资源优势的其他国家扩大生产规模,吸引这些国家将内外部规模经济作用下极具价格竞争力优势的产品出口到本国来。最后,若没有政府干预,由于难以与进口产品相竞争,国内部分生产者在比较利益驱动下,将逐步退出自身已不具备价格与资源优势的产业领域,转而进入其他能带来更大收益的产业领域从事生产活动,也改变了一国的产业结构。可见,在供给因素的约束下,需求因素变动对一国产业结构变动有着重要影响。随着供求模式的变化发展,消费者之间的效仿与竞争迅速转化为生产者的刺激信号,从而推动着一国贸易规模与结构的变化发展。

2.3　中国粮食进口贸易研究路径选择的理论依据

由以上分析可知,国际贸易的变化既体现在贸易规模上,也现在贸易结构上;而导致贸易规模和机构变化的因素既有需求的刺激,也有供给的约束。对于中国粮食进口贸易而言,导致进口快速增长的根本就在于粮食供求的不平衡。供求的总缺口及结构的变动能在很大程度上影响甚至决定中国粮食进口规模的增长及进口结构的变动。因此,本书将研究路径设定为"规模—结构—供求",重点对以下内容进行研究:中国粮食进口规模;中国粮食进口结构;粮食的国内外需求状况以及保障中国粮食进口有序进行的政策措施等。

规模、结构与供求三者相互关联、相互作用。一定的粮食进口规模需建立在一定的进口结构基础上,这样才能有效弥补国内粮食供求的缺口;一定的粮食供求模式反过来也在一定程度上决定了粮食进口的规模与结构。粮食进口规模是粮食供求缺口得以弥补的前提,没有一定的粮食进口规模保证,粮食供求缺口便无法弥补,更无从谈及粮食进口结构的优化;而只有当国内存在显著的粮食供求缺口时,才有必要对粮食的进口规模与结构进行研究;结构是三者关系的纽带,粮食进口规模的合理化与粮食供求缺口的有效弥补,最终要通过粮食进口结构的优化来实现。因此,按照"规模—结构—供求"的分析范式,基于供求变动的视角,在把握粮食进口规模与结构基本特征的基础上,着重对中国粮食进口规模与结构的合理性进行理论与实证检验,能为中国粮食进口结构优化措施的提出以及中国粮食安全政策的制定提供有价值的依据。

第 3 章

中国粮食贸易现状及面临的主要问题

国务院发展研究中心办公厅程国强曾指出："粮食危机"不是"粮食供应不足而买不到粮食"的问题，而是"低收入国家买不起粮食"的问题。可见，对于收入水平偏低的发展中大国而言，粮食贸易有着特殊的战略意义。中国粮食贸易的规模和结构也在国内外经济的波动中不断变化、调整。

3.1　中国粮食贸易规模

3.1.1　贸易规模发展概况

中国粮食贸易的发展大致可以划分为三个阶段：改革开放前的计划贸易阶段、改革开放至加入 WTO 前的波动上升阶段及加入 WTO 后的快速发展阶段。改革开放前，中国粮食贸易决定权由国家集中，统筹计划粮食进出口，粮食贸易具有出口换取外汇以支援国家工业发展、进口弥补供给缺口以稳定人们生活的作用，这一时期中国粮食贸易规模波动幅度不大，20 世纪 70 年代年均粮食进出口量分别约为 576 万吨、250 万吨。随着改革开放的进行和粮食市场对外开放，中国粮食进口大幅上升，如图 3.1 所示，1980—2001 年，中国粮食常年平均进口量为 1 219 万吨，最大进口量达 2 040 万吨（1995 年），最低进口量也有 617 万吨（1985年）；同期，中国粮食平均出口量则为 681 万吨，最大出口量达 1 876 万吨（2001 年），最低出口量仅 124 万吨(1996 年)。另外,由于当时"半计划、半市场"的调节机制的存在,即首先有国家根据国内粮食产需确定粮食贸易量并分配给各省市,再由具有粮食贸易经营权的企业根据配额在国际市场进行粮食贸易,政策时滞长,使得粮食进出口与国内粮食丰歉收出现共振,从而出现了图 3.1 中所示中国粮食进出口频繁逆向波动的状态。加入 WTO 后的快速发展主要表现在粮食进口上。

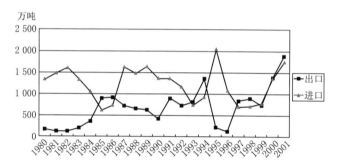

数据来源:根据《中国粮食国际贸易和性质的历史分析》(瞿商,2006)一文中的数据整理和统计分析得出。

图 3.1　1980—2001 年中国粮食进出口量

3.1.2　贸易规模发展趋势

近年来,中国粮食出口量/额不断下滑,而进口量/额则不断攀升,世界主要粮食进口国地位进一步凸显。如表 3.1 所示,在加入 WTO 之初,中国粮食出口呈上升态势,进口相对较平稳;伴随加入 WTO 过渡期内贸易政策的调整与执行,中国粮食出口与进口呈现逆向波动态势;随着加入 WTO 过渡期的结束以及金融危机的爆发,中国粮食出口呈小幅下滑态势,而粮食进口则大幅上升,不仅超过了出口,且贸易逆差不断扩大,2012 年中国谷物粮食贸易逆差已达 41.58 亿美元。若再加上大豆 347.09 亿美元的贸易逆差,则两者已占 2012 年中国农产品贸易逆差的 78.9%。从贸易金额看,中国粮食贸易总规模及贸易逆差规模扩大趋势明显。

表3.1　2002—2012年中国谷物粮食进出口情况　　（万吨、亿美元）

年　份	出口量	进口量	贸易总量	出口额	进口额	贸易总额	净出口额
2002	1 483.73	285.12	1 768.85	17.2	4.59	21.79	12.61
2003	2 200.38	208.68	2 409.06	26.71	4.58	31.29	22.13
2004	479.51	975.35	1 454.86	8.43	22.32	30.75	13.89
2005	1 017.49	627.2	1 644.69	15.32	14.09	29.41	1.23
2006	609.88	359.5	969.38	11.73	8.41	20.14	3.32
2007	991.17	155.75	1 146.92	22.09	5.36	27.45	16.73
2008	186.11	154.05	340.16	7.84	7.32	15.16	0.52
2009	137.10	315.10	452.2	7.39	8.98	16.37	−1.59
2010	124.33	570.84	695.17	6.93	15.28	22.21	−8.35
2011	121.48	544.68	666.16	8.12	20.44	28.56	−12.32
2012	101.61	1 398.30	1 499.91	6.30	47.88	54.18	−41.58

资料来源:根据中国农业信息网公布的数据计算得出。

3.2　中国粮食贸易结构

3.2.1　品种结构

中国粮食贸易的产品种类主要有稻米、小麦、玉米和大豆,荞麦、黑麦、大麦、燕麦、高粱等粮食产品进出口量相对较小。本书主要分析前四种粮食品种的贸易结构。

从进口结构看,大豆是中国最主要的进口粮食品种,其次是玉米、小麦和稻米(如表3.2所示)。近6年来,大豆进口持续增加,占中国粮食进口比重稳坐80%以上,2012年达349.89亿美元,远超谷物类粮食进口总额。同时,随着近年来生物燃料的兴起,国内玉米需求迅速增加,玉米进口量也随之翻倍增长,已由 2011 年的 5.78 亿美元增至 2012 年的 16.89 亿美元。小麦和稻米进口也呈现较明显增长态势,分别由 2011 年的 4.24 亿美元、4.08 亿美元增至 2012 年的 11.09 亿美元、10.75 亿美元。

表 3.2　2006—2012 年中国主要粮食品种进口比重

年份	稻米进口额占 粮食进口额比重	小麦进口额占 粮食进口额比重	玉米进口额占 粮食进口额比重	大豆进口额占 粮食进口额比重
2006	3.53%	1.43%	0.14%	89.90%
2007	1.90%	0.24%	0.06%	95.54%
2008	0.93%	0.07%	0.06%	96.75%
2009	1.10%	1.07%	0.11%	95.44%
2010	1.02%	1.19%	1.38%	94.26%
2011	1.28%	1.33%	1.81%	93.59%
2012	2.70%	2.79%	4.25%	87.96%

资料来源:根据中国农业信息网公布的数据计算得出。此表中采用的粮食进口额以表 3.1 中的粮食进口额与相应年份大豆进口额之和为计算依据。

从出口结构看,稻米是中国主要的出口粮食品种,其次是大豆、小麦和玉米(如表 3.3 所示)。稻米是中国传统优势出口粮食品种,2011 年以前的出口额一直

表 3.3　2006—2012 年中国主要粮食品种出口比重

年份	稻米出口额占 粮食出口额比重	小麦出口额占 粮食出口额比重	玉米出口额占 粮食出口额比重	大豆出口额占 粮食出口额比重
2006	31.42%	19.44%	31.80%	11.61%
2007	18.96%	28.60%	36.22%	8.57%
2008	42.00%	9.39%	6.87%	31.83%
2009	53.35%	9.96%	3.25%	24.90%
2010	51.04%	14.41%	4.03%	15.38%
2011	43.62%	16.45%	4.80%	17.06%
2012	28.13%	16.48%	11.10%	30.77%

资料来源:同表 3.2。

维持在 4 亿美元以上,出口比重也保持在 30% 以上,但 2012 年却出现了 40% 的下滑,降至 2.56 亿美元,导致稻米贸易首次出现逆差。小麦出口相对稳定,整体呈下滑趋势,近年来已处于贸易逆差状态。玉米出口下滑更为明显,贸易逆差不断扩大;尽管 2012 年其出口有所回升,但贸易逆差仍由 2011 年的 5.31 亿美元扩大到了 2012 年的 15.88 亿美元。大豆贸易逆差最为显著,但作为豆类粮食最重要的部分,其出口在粮食出口中仍占据重要地位。

3.2.2　市场结构

进口方面,美国是中国最重要的粮食进口来源市场。2002—2012 年,中国自美国进口玉米、大豆的平均占比均达 40% 以上,自美国进口小麦的平均占比也将近 30%,以至于长期以来,美国都是名副其实的中国第一大大豆及玉米进口来源国、第二大小麦进口来源国。图 3.2 分别显示了中国 2002—2012 年来进口小麦、玉米、稻米和大豆的主要来源及各自占当年该类品种总进口的比重。如 A 图所示,中国主要从美国、澳大利亚、加拿大进口小麦,来自于三者的总进口比重达 90% 以上。如 B 图所示,中国主要从美国、东盟、印度进口玉米,自美国进口量始终较大,自东盟进口量波动明显。如 C 图所示,东盟是中国稻米进口第一大来源地,占据了 99% 左右的比重,但 2012 年中国从巴基斯坦进口粮食激增至 2.69 亿美元,占比 23.88%。如 D 图所示,美国和巴西几乎垄断了中国大豆进口,自阿根廷的大豆进口呈下降趋势。整体而言,中国主要粮食品种进口来源集中度高。

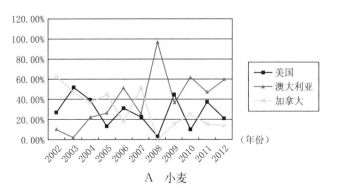

A　小麦

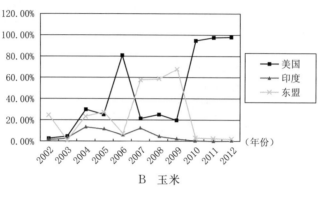

B 玉米

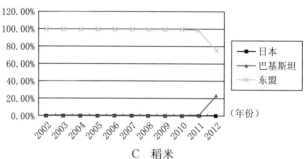

C 稻米

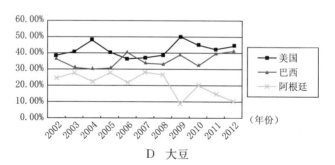

D 大豆

资料来源:根据商品编码(小麦 1001、玉米 1005、稻米 1006、大豆 1201)查询联合国 UNCOMTRADE 数据并进行统计分析得出。

图 3.2　2002—2012 年中国主要粮食品种进口来源

出口方面,韩国、日本和东盟是中国粮食出口主要流向地。图 3.3 分别显示了中国 2002—2012 年来出口小麦、玉米、稻米和大豆的主要流向及各自占当年该类品种总出口的比重。如 A 图所示,中国主要向东盟和韩国出口小麦,且近年来波动很大;2008 年及以前,两国占据中国小麦出口市场 80% 以上,但 2009 年中国小麦出口阿富汗 2.15 万美元,占出口总额 94.8%,仅有 5.17% 出口韩国;2010 年仅出口小麦 1 500 美元至斯里兰卡;2011 年主要出口非洲,如埃塞俄比亚(61%)、津巴布韦(25%)、肯尼亚(14%);2012 年则仅出口小麦 10 美元到泰国。如 B 图所示,2008 以前,中国玉米出口 80% 输往韩国和日本,2008 以后输往朝鲜的比重不断增加,2012 年已达 99% 以上。中国大米出口相对分散,如 C 图所示,目前主要以韩国、日本、东盟为出口主要市场,对巴基斯坦和朝鲜的出口比重也分别达到 9.42% 和 9.79%,对俄罗斯的出口则由 2002 年的 13.4% 下降为 2012 年的 0.99%。如 D 图所示,中国大豆出口日本下降明显,出口韩国和美国则明显增加。

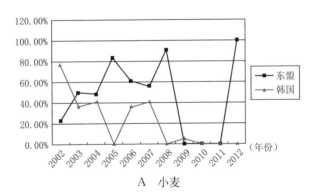

A　小麦

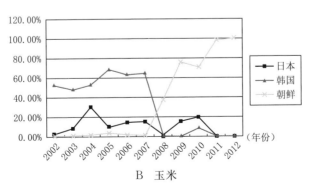

B　玉米

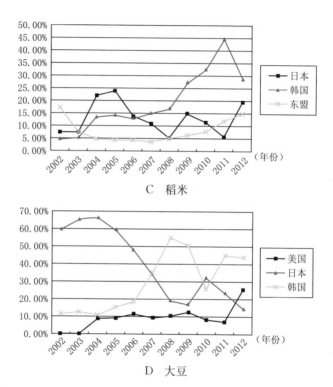

C 稻米

D 大豆

资料来源:同图3.2。

图3.3 2002—2012年中国主要粮食品种出口流向

3.3 中国粮食贸易面临的主要问题

3.3.1 粮食出口比较优势下降,粮食产品国际市场竞争力弱

中国主要粮食品种的比较优势在不断下降。有学者运用国内资源成本法(DRC)对1987—1995年中国四大粮食品种比较优势的研究表明,除个别年份外,大米具有比较优势,而大豆、玉米、小麦的比较优势明显弱化。本书运用进出口指

数法(TSI)对 2002—2012 年中国四大粮食品种比较优势的分析结果显示,2012 年以前大米具有一定比较优势,但趋于下降,2012 年则处于比较劣势;玉米也已由明显比较优势下降为明显比较劣势;小麦和大豆长期处于比较劣势(如表 3.4 所示)。这也反映了中国粮食在市场占有方面已不具备国际竞争力。另外,随着国内粮食生产成本上涨,人民币汇率上升,中国粮食的价格竞争力也不断被削弱;中国粮食的质量竞争力、信誉竞争力等更是难以具备。

表 3.4　2002—2012 年中国主要粮食品种 TSI 指数

年份	稻米	小麦	玉米	大豆
2002	0.65	−0.19	1.00	−0.94
2003	0.67	0.55	1.00	−0.97
2004	−0.04	−0.87	0.99	−0.96
2005	0.07	−0.91	1.00	−0.96
2006	0.17	0.20	0.94	−0.96
2007	0.37	0.92	0.98	−0.97
2008	0.45	0.61	0.71	−0.97
2009	0.44	−0.98	0.21	−0.98
2010	0.24	−1.00	−0.83	−0.99
2011	0.05	−0.92	−0.85	−0.99
2012	−0.61	−1.00	−0.89	−0.98

资料来源:根据商品编码查询联合国 UNCOMTRADE 数据并进行统计分析得出。

3.3.2　粮食进口需求大,外贸依存度上升趋势明显

国内粮食产需缺口长期存在加大了中国粮食进口需求。据农业部测算,2020 年中国粮食产需缺口将达到 0.28 亿吨—0.29 亿吨,近年来不少国内外学者和机构的研究也显示,2030 年中国粮食产需将存在 0.12 亿吨—3.69 亿吨不等的缺口。国内粮食需求主要表现在四个方面:口粮、种子用粮、饲料用粮、工业用粮。随着

生活水平的提高和消费结构升级,加之粮食播种总面积增长有限,口粮和种子用粮需求总量增长尚不大;但人们对蛋、奶、肉及水产品等禽畜产品需求的增加以及加工油脂、生物能源、医药化工等需要,饲料用粮和工业用粮需求总量增长极为迅速。国内粮食产量则受耕地规模、水资源分布、农业科技应用程度、气候等多因素制约,增长难与需求增长相匹配。

要弥补不断扩大的产需缺口,粮食进口必然增加,中国粮食外贸依存度也将呈上升趋势。如图 3.4 所示,近年来,中国粮食外贸依存度和进口依存度上升较明显,不仅超过了历史水平,且两者几乎重合;出口依存度则逐年下降,几乎降为了0。尽管中国粮食自给率长期保持在 95% 以上,但不断上升的粮食外贸依存度难免给中国粮食安全带来压力。不仅如此,由于"大国效应"的存在,特别是大豆进口大国效应,中国粮食进口会导致国际市场粮食价格上扬,既加大了中方贸易风险,也降低了中方贸易福利。

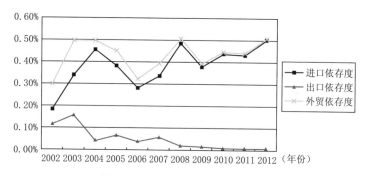

资料来源:查询联合国 UNCOMTRADE,及 National Accounts Main Aggregates Database 数据并进行统计分析得出。

图 3.4　2002—2012 年中国主要粮食品种外贸依存度变化情况

3.3.3　粮食贸易结构不合理,贸易风险大

首先,中国粮食进出口市场过于集中。如前所述,中国四大主要粮食品种进口来源都十分集中,可以说这少有的几个进口来源国或地区在中国粮食进口上处

于垄断地位。但这并不意味着中国是他们的大买家,如 2012 年中国进口玉米中 98％来美国,但中国进口额仅占美国玉米出口额的 17％。因此,中国粮食进口市场仍然是卖方市场,一方面,中国没有粮食进口价格话语权,面临着进口粮食价格上涨风险,另一方面,主要进口来源国政府更替、政局变化、政策上的敌意出口限制都将加大中国粮食进口风险。中国粮食出口流向中有不少发展中国家或欠发达国家,一定程度上存在出口收汇风险。

其次,中国进出口粮食产品结构不合理。中国粮食的进口品种结构极不平衡,当国际市场上相应粮食品种供给结构出现大变动时,国内市场将难以应对。以大豆为例,由于大豆长期占据中国粮食进口 1/5 以上的比重,国内的大豆供给也早已变得极为有限,如果因自然灾害或其他原因导致国际市场大豆供给大幅下降,中国的大豆需求将难以保证。诚然,国内的大豆产业以及粮食生产结构也可能随之波动,但如果缺乏政策引导,在滞后效应影响下,这种波动可能适得其反。出口方面,不少文献提到,中国出口粮食产品多为初级产品,经过深加工并具有高附加价值的粮食产品少。这与中国粮食生产现代化、专业化、标准化程度不高,粮食加工企业规模小、技术水平不先进都有直接关系。另外,由于中国粮食的生产和贸易在实际运作上的分离,贸易难以有效引导粮食产品结构的调整,生产的粮食产品也很难符合国际市场需求。加之粮食生产过程中农业化肥滥用,加工过程中保鲜剂、添加剂等使用不规范,出口企业盲目压价竞争等,导致中国粮食出口遭遇 SPS 措施、TBT 措施、反倾销措施等贸易风险的几率加大。

3.4　本章小结

本章引用大量数据资料,分析了中国粮食贸易的总体规模与结构特征,主要得到以下结论:一是中国逐步成为世界粮食粮食进口大国,且粮食贸易逆差扩大趋势明显,这一方面反映了中国粮食出口竞争力的下降,另一方面也反映了中国粮食外贸依存度的上升;二是中国粮食贸易的产品结构和市场结构集中,面临多重贸易风险。

第 4 章

中国粮食产需变动与中国粮食进口的关系

4.1 中国粮食的生产

新中国成立以来,中国粮食供求总量不平衡时有发生,且多以供不应求为主。改革开放前的两次粮食供求波动主要是因粮食供应短缺引起,而改革开放后的五次粮食供求波动中也有两次是因粮食供应不足引起,另有三次是因粮食供给过剩所导致(罗光强,2010)。粮食生产是粮食供给中最基础的部分,粮食生产的稳步增长是确保粮食总量供求均衡的重要条件,它关系到一国是否能够实现粮食基本自给、保障粮食安全、稳定农业及经济的健康发展。为此,本节将对我国粮食生产的演变进行回顾。

4.1.1 中国粮食生产变动概况

我国粮食产量增长呈明显波动上升态势(如图 4.1 所示)。伴随着国内政策的调整及粮食价格的涨跌,大致可将我国粮食的生产划分为以下六个阶段:

1. 艰难起步阶段:1949—1977 年

自新中国成立到改革开放前,中国粮食生产发展缓慢,产量波动较大。而且旧中国的农业基础极为薄弱,生产力水平低下,加上几十年战乱的破坏,粮食生产严重不足。新中国成立后,政府开始了大规模的土地改革,大力发展粮食生产,取

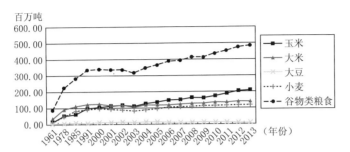

资料来源:根据FAOSTAT相关数据库资料整理得出,其中1961—2009年数据源自其Food Balance Sheets数据库,2010—2013年源自其AMIS statistics(2013为预测数据)。

图4.1 中国粮食产量增长趋势

得了较明显的短期增产效果。他们提出了农业以种植业为主、种植业以粮食生产为主、粮食生产又以高产作物为主的"三个为主"农业政策,即不惜牺牲农业和农村其他部门的发展,不惜牺牲农民的经济利益,通过最大限度扩大粮食播种面积和最大限度增加对粮食生产的物质和人工投入来提高粮食产量的"以粮为纲"政策,其核心是追求粮食产量的增长,尽可能缓解粮食供给短缺的压力,以实现粮食安全的目标(孙宝民,2012)。在政策的刺激下,中国粮食总产量由1949年的1.13亿吨增长到了1958年的1.98亿吨,增幅达74.46%;在同期人口增幅为14.82%的情况下,人均粮食产量的增长仍达52.26%,由1949年的208公斤增加到了1985年的303公斤。

但受到自1958年开始的三年"大跃进"、1959—1961年间的连续大规模自然灾害以及1966—1976年间的"文化大革命"等一系列事件的影响,中国粮食生产明显放缓。"大跃进"时期提出的"大炼钢铁"、"大办万头猪场"等口号,使得基本建设投资大大挤占了农业生产投资,而且有不少粮食作物因没能按时收获而绝收;三年内轮番上演的旱、涝、霜冻、风雹、虫、鼠等自然灾害更是使得我国年均5700多万公顷面积受灾,且集中在我国粮食主产区,粮食产量急剧下降,据统计,全国粮食减产达611.5亿公斤;长达十年的"文化大革命"也极大地影响了农民进行粮食生产的积极性,粮食生产仅能维持低水平的缓慢增长。经过20年的发展,1977年,我国粮食产量达2.83亿吨,比1958年增长47.98%,年均增长率仅为

2.4%。

2. 快速发展阶段:1978—1984 年

改革开放后,政府实施了一系列调动农民生产积极性的政策,如实行家庭联产承包责任制、实行统分相结合的经营体制、大幅度提高粮食收购价格等,粮食生产得以快速增长,中国粮食市场供不应求的局面得以扭转。1978 年,中国粮食产量跨上了 3 亿吨的台阶,达到 3.05 亿吨,1984 年又跨上了 4 亿吨的新台阶,达到 4.07 亿吨,7 年间粮食年均增长率达到了 4.8%,成为改革开放以来的第一个粮食快速增长期,并出现了中国历史上的第一次供过于求的状况。

3. 停滞徘徊阶段:1985—1989 年

随着改革开放的进行,农业政策也由开始由之前的"以粮为纲"转而支持农林牧渔各业的全面发展。一方面,这种转变一定程度上削弱了农户种粮的积极性,分流了本应参与粮食种植的劳动力。从 1996 年中国统计年鉴查得,1985 年乡镇企业职工人数为 6 979 万人,1989 年则近 9 367 万人,增加 2 388 万人,而 1985—1989 年农林牧渔业劳动力总数仅增加 2 089 万人,可见,这期间中国农村种粮劳动力处于下降趋势。另一方面,这种调整使得油料、棉花等农作物的种植挤占了粮食种植面积。1996 年《中国统计年鉴》显示,1985 年,我国粮食作物播种面积 10 884.5 万公顷,1989 年徘徊上升至 11 220.5 万公顷,但仍未恢复到 1980 年 11 723.4 万公顷的水平。加上自然灾害的影响,中国粮食生产在这一时期表现不佳,总产量徘徊不前。1985 年,中国粮食总产量仅 3.79 亿吨,经过小幅涨跌波动,1989 年恢复到 4 亿吨水平,达到 4.08 亿吨。

4. 稳定发展阶段:1990—1999 年

上一阶段粮食产量的徘徊波动让人们更清醒地认识到了粮食生产的重要性,国家也提出了"绝不放松粮食生产"的农业指导方针。90 年代开始,改革开放进入到了紧缩调整期,乡镇企业的增长开始放缓,农村人口出现了回流;同时,政府又一次大幅度提高了粮食的收购价格,1989 年的粮食收购价格增幅达到 26.7%,因此,在种粮人数增加和高种粮预期收益刺激下,我国粮食生产在这一时期得到了稳定的发展。1990—1995 年间,我国粮食总产量都保持在 4 亿吨以上,仅随粮食播种面积的变化而小幅度波动;1996 年,我国粮食产量上升到了 5 亿吨的新台阶,并在接下来的 4 年里年均总产量达 5.05 亿吨,粮食库存量也在 1999 年达到了历史最高水平(2.88 亿吨)。

5. 调整发展阶段:2000—2004 年

伴随着粮食产量的连续增加,中国国内粮食市场"卖粮难"的问题又逐步凸显出来,国内粮价不断下跌,面对增产却不增收的困境,不少农民种粮的积极性受到了很大的影响。与此同时,1999 年的粮食库存量因远高于合理库存量,既不能再进行收储,也导致了高昂的库存管理成本,给政府财政造成了负担。因此,国家于 1998 年下半年对农业结构进行战略性调整,大幅度调减粮食播种面积,进一步落实退耕还林、退耕还湖、退耕还草等政策。进入 21 世纪,政策调整效果开始显现。2000 年,中国粮食总产量为 4.62 亿吨,比上一年减产 9.1%,2003 年下降到低谷 4.03 亿吨。伴随着产量的下降,粮食的消费这一时期却不断增长,国内又出现了粮食供需缺口不断加大的现象,粮食价格呈全面上涨态势。此时正值我国加入 WTO 过渡期,国内不同领域正逐步对外开放,粮食对外开放程度正逐步加大,国际市场价优质良的粮食产品给国内粮食市场带来了不小的压力。结合我国加入 WTO 时做出的各项承诺及 WTO 相关规则要求,政府于 2004 年出台了一系列促进粮食生产发展的政策,如实施农业税减免,推进农村税费改革,增加农业综合开发资金,实施粮食直接补贴、良种补贴、大型农机具购置补贴等。经过调整,中国粮食生产于 2004 年转减为增,达到 4.69 亿吨,实现了 8.82% 的增产。

6. 持续增长阶段:2004 年以来

2004 年的"大豆风波"引起了国内外学者对中国粮食安全问题的高度关注。美国《纽约时报》就曾指出,一方面,中国城市化的飞速发展正在吞噬数百万农民的土地;另一方面,中国国内粮食市场的不稳定正迫使数百万农民减少"无利可图"粮食品种的种植。自 2004 年以来,中央政府连续制定并于当年年初下发关于"三农"工作的中央"一号文件"(《中共中央国务院关于促进发展增加收入若干政策的意见》),其中不乏保障中国粮食生产的政策措施。在政府的高度重视下,2004 年至今,中国粮食播种面积逐年小幅增加,粮食产量也实现了新中国成立以来的首次"十连丰"。2007 年,中国粮食总产量重返 5 亿吨时代,2012 年达到了 5.90 亿吨,比 2004 年上涨 25.80%,年均增幅为 3.22%;同时,人均粮食产量也稳步提高,已由 2004 年的人均 362 公斤提高了 2011 年的人均 425 公斤,超过人均 360 公斤粮食需要温饱水平 18%。中国粮食生产已处于持续平稳增长状态(如图 4.1 所示)。

图 4.1 也显示了中国主要粮食生产结构的变化。新中国成立以来,大米一直是中国最主要的粮食品种,大米产量的增减也保持了和粮食产量增减一致的波动态势,其增长速度在中国加入 WTO 前都明显高于其他主要粮食品种的增长速度。进入到 21 世纪,中国粮食市场逐步融入国际市场,国际市场对玉米需求增加并推高玉米价格,国内玉米的生产积极性也不断提高,其产量也于 2002 年超过了大米产量,并自此成为中国粮食构成中的主要部分。小麦是中国第三大粮食生产品种,多年来,产量呈缓慢增长态势。大豆在四大粮食品种中所占比重一直最低,多年来产量徘徊不前,1985 年以前一直在 1 000 万吨以下,之后产量有所提升,最高产量仅为 2004 年的 1 740 万吨,之后又逐年回落,2012 年仅达 1 280 万吨。

4.1.2 中国粮食生产影响因素

粮食生产受到诸多因素影响,结合粮食生产基本条件,综合学者们已有观点,笔者将影响因素划分为以下三类:

1. 投入因素

耕地资源是粮食生产最重要的投入要素。在进行粮食产量预测时,各位学者都将粮食播种面积作为影响粮食产量的主要因素之一列入计量模型进行分析,有统计分析表明,粮食播种面积每增加 1%,粮食产量可增长 0.88%,而且两者的关联系数在 1985—1991 年和 1998—2003 年间(我国粮食生产的停滞和调整阶段)都在 0.9 以上。事实上,播种面积 = 耕地面积−成灾面积,可见,耕地面积从数量上限制了粮食播种面积,即一定程度上限制了粮食的总产量。不仅如此,宜耕性好、肥沃程度高的耕地生产效率更高,既可减少化肥的使用,也能产出更多优质的粮食,可以说,耕地资源从质量上也约束了粮食的单位产量。近年来,中国耕地面积逐年缓慢下降,据2002年和2012年《中国统计年鉴》数据显示,2001年中国耕地总资源为127.08万平方公里,到2008年已减少约4.22%,下降为121.72万平方公里,且中低产田占到近2/3。由此可见,耕地资源将成为未来中国粮食生产发展的一大制约因素。

农业劳动力是粮食生产的主要投入要素。随着农业生产由传统方式向现代化生产方式的转变,即由过去以劳动密集型、小规模经营为主要特征的方式,转向现在以生产机械化、技术现代化、管理科学化的方式,粮食生产对劳动力的要求也不断提高。在研究劳动力对粮食生产的影响时,以往学者们更关注参与粮食生产的劳动者数量变动与粮食总产量变动的关系,但现在,学者们更关注参与粮食生产的劳动者素质,如劳动者的文化水平、学习能力等,这直接关系到粮食生产者对现代农业生产方式中所涉及的新知识、新技术的学习和掌握程度,也在一定程度上影响着现代农业生产方式下的粮食产出水平。伴随中国工业化、城市化、城乡一体化的发展,中国农村劳动力不断向城镇转移,2001年,中国城镇和乡村人口比重分别为37.66%和62.34%,2011年则已分别变为51.27%和48.73%;尽管我国总体受教育水平提高明显,但受教育良好的青壮年农村劳动力基本已向城镇转移,中国农村劳动力呈明显老龄化趋势,较大程度上将会制约未来中国粮食生产科技水平的提高与生产方式的创新。

资本是粮食生产的关键投入要素。本书将化肥的投入量、农业机械的使用情况、农业基础设施的投入、农业科技推广及劳动者教育与培训投入等都纳入资本投入的范畴。农用化肥施用量和主要农业机械拥有量对粮食单产有显著影响,众多学者将它们作为粮食生产的典型影响因素来研究。农业基础设施建设(如灌溉设施、水库、水电站、道路等)、农业科技推广与应用(如粮食品种改良、病虫害防治技术、节水灌溉技术、土壤保护与改良技术等)及粮食生产者为掌握新知识、新技能而进行培训等都将作用于粮食生产的中间环节而影响粮食的最终产出。近年来,随着中国乡村水电站及水库数量的增加以及水渠、道路等基本设施的完善,耕地的有效灌溉面积也明显得到了提升,已由2001年的54 249.4千公顷上升到

2011年的61 681.6千公顷；另外，近十年来，农用大中小型拖拉机、农用排灌柴油机数量明显增加，农用机械总动力也已由2001年的55 172.1万千瓦上升到了2011年的97 734.7万千瓦。整体而言，资本因素将成为未来中国粮食生产各要素中进步空间最大的一个领域。

2. 市场因素

价格是市场经济中最为活跃的因素之一。在市场经济体制下，市场这只"无形的手"对经济进行基础性调节的功能，就是通过市场灵活、准确地反映市场价格信息，进而调节市场供求而实现。粮食市场价格的高低，会直接影响粮食供给的增减，也会导致粮食生产者对粮食未来价格预期偏高或偏低。由于粮农习惯于按照粮食预期价格来安排下一周期粮食的生产，而粮食生产周期较一般商品生产周期长，等新一周期粮食产出上市时粮食供求所形成的价格往往会与预期粮价相距甚远，粮农们又会按照新一轮的市场价格信息来进行下一周期生产计划的调整。不仅粮食自身的价格会影响粮食的生产，粮食竞争品（如油料类、糖类、棉花、蔬菜等）、粮食连带产品（如食用油、食品等）、粮食生产要素等价格的变化也会影响到粮食的生产，因为上述因素的变动会改变粮农种植粮食的相对收益，粮农自然会选择种植收益较高的其他农作物或改变粮食作物的种植结构。例如，生物燃料的兴起加剧了市场对玉米的需求，玉米价格不断上升，每亩种植收益远超大豆，东北不少豆农便放弃了传统种植的大豆而转种玉米。

政策是政府对市场经济行为进行宏观调控的一只"有形的手"。粮食产业是关系国计民生的基础性产业，其稳定性影响到一国社会的安定，因此，不管在何种发展水平的市场经济条件下，各国政府都无一例外地对粮食的生产和供给进行着调控。财政支持农业政策是中国政府采用的促进农业和粮食生产发展的最重要的手段，包括了为了扶持粮食生产、农民增收政策以不断提高农民种粮积极性而发放的农民种粮直接补贴、农资综合补贴、良种补贴、大型农机具购置补贴的"四补贴"政策，为了支持产粮大县、财政穷县以缓解县级财政压力而实行的"三奖一补"政策等，不仅直接增加了对粮食产业的资金支持，还加强了农业公共性项目建设，提高了农业的综合开发能力，还具有明显的投资导向作用。在WTO《农业协议》

框架下,我国农业补贴的使用空间还有待拓展。另外,正在不断完善的农村金融政策以及农业保险政策等也将为中国粮食生产的发展保驾护航。

3. 自然因素

与一般商品生产不同,粮食生产是露天下有生命的作物再生产过程,不仅受到经济、政治、社会因素的影响,还会受到与作物再生产相关的自然因素的影响,如降水、光照、气候变化等,使得粮食生产具有较大的不可控性,粮食产量也存在较大的不稳定性。以降水为例,降水量过多或过少,就会造成洪灾或旱灾,耕地受灾必然导致粮食减产,如果出现水资源充足的地区降水过多,而水资源缺乏的地区降水过少,则洪灾及旱灾的程度就大,粮食减产便更严重。据中国统计年鉴数据显示,自改革开放以来,我国每年都有不少地区遭受洪灾和旱灾,且旱灾面积比洪灾面积更大;其中,洪灾面积最少的是 1978 年的 3 019 千公顷,最大为 1991 年的 24 596 千公顷,旱灾面积最少的是 2008 年的 12 137 千公顷,最大则为 2000 年的 40 541 千公顷。目前,我国粮食生产中心正由东南逐渐北转,在我国水资源分布呈东南多、西北少的状态下,降水也呈现从东海沿海向西北内陆递减的规律,可以预见,本就缺乏水资源的华北、西北地区的农业用水形势将更加严峻,旱灾对该地区及我国粮食减产的威胁也将更大。另外,全球变暖导致一些极端天气出现频率加快,这不仅会增加耕地受灾面积,还会导致突发性病虫害大面积出现,增加粮食受灾程度,影响粮食产量。

4.1.3　中国粮食生产发展前景

据国家统计局 2013 年 7 月 12 日公告显示,2013 年全国夏粮总产量达到 13 189 万吨,比上年增长 1.5%,为实现全年粮食"十连丰"的目标奠定坚实基础。然而,在中国粮食保持了十年较明显增产趋势的同时,不少国内外学者对中国粮食未来的发展潜力表示了担忧。事实上,中国粮食产量连年提高主要得益于科技及政策的支持。据中央农村工作领导小组副组长、办公室主任陈锡文解释,科技支撑下粮食单位产量的提高对我国粮食总量增产起到了 80% 的作用。

政府政策扶持力度也在逐年加大,如2013年政府安排1 700亿元农业"四补贴"资金及高产创建资金1 701亿元(比上年增加58亿元)、17亿元冬小麦后期"一喷三防"专项补助资金、8亿元病虫害防治经费(比上年增加4亿元),还及早公布了每斤上涨0.1元的小麦最低收购价格,这些措施都较有效调动了粮农种粮的积极性,夏粮种植面积达4.15亿亩,比上年增加70万亩,秋粮面积预计达到11.76亿亩,比上年增加800多万亩,为2013年粮食增产奠定了坚实基础。另外,近年来气候对我国粮食生产总体有利,且防灾应对较有效,也是我国粮食增产的重要保障。

综合考虑影响粮食生产的投入因素、市场因素和自然因素,耕地资源与水资源的缺乏、农村劳动力的转移将是中国粮食增产的主要制约因素,不可控自然因素的变化及市场价格的波动将会导致中国粮食增产的不稳定,农业科技的进步、农田水利基础设施的完善、农业政策支持力度的加强等将有利于中国粮食增产潜力的发挥。但整体而言,增产速度较为有限。不少学者和研究机构对未来中国粮食的产量进行了预测(如表4.1所示)。尽管他们运用的计量经济模型和方法存在一定的差异,但多数学者和研究机构预测结果显示,2030年中国粮食预测产量将达到6.45亿吨以上,即基本都认为中国粮食产量将会进一步提高。

表4.1　2030年中国粮食产量预测情况　　　　　　(亿吨)

预测者	预测产量	预测者	预测产量
Brown,L.	2.72	黄季焜	6.50
Rosegrant,M.M.	6.46	梅方权	6.90
USDA	5.00	马晓河	6.60
海外经济合作基金会	4.18	黄宁慧	6.45
世界银行	6.67		

资料来源:根据《中国粮食进出口的适度规模及合理结构研究》(孙宝民,2012)及《我国粮食供给与需求综合平衡分析》(黄宁慧,2010)文中数据资料整理得出。

4.2　中国粮食的需求

粮食既是人类赖以生存的最基本的生活性消费资料,也是人类进行社会化生产与再生产所必不可少的生产性消耗资料,因此,粮食需求的来源是多方面的。FAOSTAT 按照粮食用途的不同将粮食需求划分为了六类,即口粮(food)、饲料用粮(feed)、加工用粮(processing)、种子用粮(seed)、粮食损耗(waste)和其他用粮(other utilization)。口粮是城乡居民对粮食的直接消费,是粮食需求中的基本项目;饲料用粮是通过动物产品转化而形成的粮食间接消费,尽管各国饲料用粮占粮食需求总量的比重因各自食物消费结构不同而变化,但这一比重仅次于口粮所占比重;工业用粮也是一种粮食间接需求,主要涉及生物能源、酒精、医药、化工等非食品工业和糕点、淀粉、酿酒、油脂等食品加工业对粮食投入的需求;种子用粮是发挥粮食的原始功能、为维持和扩大农业再生产而产生的粮食间接需求;粮食损耗包括粮食运输、储存、加工、食用等环节的浪费与损失。本节将在区分粮食不同用途的基础上分析中国粮食需求的变动情况。

4.2.1　中国粮食需求变动概况

经济社会的发展提高了人们的生活水平,改善了人们的膳食结构,更激发了人们对粮食的多重需求。中国粮食需求总量与结构的变化呈现以下特点:

1. 粮食需求总规模不断扩大

伴随着粮食产量的波动性增长,中国粮食消费量也呈现出一致的波动增长态势。粮食产量在 1969、1985、1997 和 2003 年分别出现小幅下滑,与之相应,这四年的粮食消费量亦比上一年小幅下降,其他年份则基本呈现稳定上升态势

（如图 4.2 所示）。四大主要粮食品种的总消费量也趋于上升。其中，玉米消费量上升幅度最大，已由 1961 年的 0.19 亿吨上升至 2012 年的 2.06 亿吨；大米和小麦消费量近 50 年均上涨约 1 亿吨，2012 年分别达到 1.34 亿吨和 1.26 亿吨；大豆总消费量也已由 1961 年的 0.06 亿吨上升为 2012 年的 0.76 亿吨。

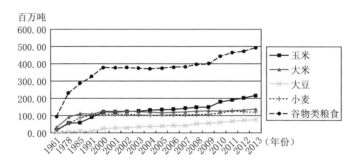

资料来源：根据 FAOSTAT 相关数据库资料整理得出，其中 1961—2009 年数据源自其 Food Balance Sheets 数据库，2010—2013 年源自其 AMIS statistics（2013 为预测数据）。

图 4.2　中国粮食消费量增长趋势

2. 城乡粮食消费差距有所缩小

新中国成立以来，特别是加入 WTO 后，中国粮食消费的城乡差距逐渐缩小，但由于二元经济结构的长期影响以及其他体制、政策等原因，差距仍然不同程度存在（如表 4.2 所示）。城乡直接粮食消费差距缩小较为显著，农村居民家庭人均

表 4.2　中国农村、城镇居民家庭平均每人主要食品消费量　　（千克）

年份	粮　食		猪、牛、羊肉		禽、蛋、奶类		水产品	
	农　村	城　镇	农　村	城　镇	农　村	城　镇	农　村	城　镇
1990	262.08	130.72	11.34	21.74	4.76	15.30	2.13	7.69
1995	256.07	97.00	11.29	19.68	5.65	18.33	3.36	9.20
2000	250.23	82.31	14.41	20.06	8.64	26.59	3.92	11.74
2005	208.85	76.98	17.09	23.86	11.24	37.29	4.94	12.55
2010	181.44	81.53	15.83	24.51	12.84	34.19	5.15	15.21
2011	170.74	80.71	16.32	24.58	15.10	34.41	5.36	14.62

资料来源：根据 2012 年《中国统计年鉴》数据整理得出。

粮食消费已从 1990 年的 262.08 千克下降为 2011 年的 170.74 千克,城镇居民家庭人均粮食消费则从 1990 年的 130.72 千克下降为 2011 年的 80.71 千克,差距由 1990 年的 131.36 千克缩小为 2011 年的 90.03 千克。城乡居民人均消费的猪牛羊肉、禽蛋奶、水产品一定程度上反映了城乡粮食的间接消费水平,城镇居民消费量明显高于农村居民消费量,尽管城乡居民人均消费猪牛羊的差距有所缩小,但禽蛋奶及水产品的人均消费差距则不断扩大,分别由 1990 年的相差 10.54 千克、5.56 千克增加到了 2011 年的 19.31 千克、9.26 千克。可见,中国城乡之间粮食直接消费与间接消费差距仍然明显。

3. 不同用途粮食需求增长程度不同

从谷物类粮食消费总量来看(如图 4.3 所示),口粮一直是中国粮食消费构成中最主要的部分。改革开放前,国民经济发展缓慢,居民整体收入水平及消费能力都比较低,尽管粮食产量有所增加,但在人口增长压力和行政配给制等因素影响下,粮食短缺严重,主要用来满足口粮需求;改革开放后,粮食产量迅速提升,粮食消费的物质基础明显改善,人们的口粮需求压力得以释放,口粮消费增速放缓;进入到 21 世纪,城乡居民收入水平明显改善,消费结构趋于合理,口粮消费水平呈平稳发展态势。饲料用粮是中国粮食消费的第二大构成部分,占到谷物类粮食消费的 30% 左右,并随着居民对肉、禽、蛋、奶等产品需求的增加而呈上升态势。加工用的谷物类粮食有所增长,但并不十分显著。种子用粮多年来都较为稳定,

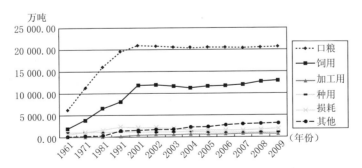

资料来源:根据 FAOSTAT 中 Food Balance Sheets 数据库所公布数据整理得出。

图 4.3　不同用途谷物类粮食消费量增长趋势

2009 年种子用粮为 1 052.76 万吨,仅比 1961 年增加 47.13 万吨。由于粮食从生产出来到摆上餐桌过程很长,其储藏、运输、加工等各个环节都存在一定的损失与浪费,所以损耗粮食也是中国粮食消耗不可忽视一部分,2009 年的损耗粮食已占到中国谷物类粮食消费的 4.7%,另据国家粮食局局长任正晓介绍,中国每年粮食损耗大约相当于 2 亿亩耕地的粮食产量,几乎比产粮大省黑龙江一年的产量还要多。另外,随着技术的发展,粮食的其他用途也不断被开发出来,其他途径粮食消费量也逐渐上升。

从四大粮食品种来看(如表 4.3 所示),大米和小麦是中国最主要的口粮消费品种,2009 年两者的口粮消费分别占到中国谷物类粮食口粮消费总量的 50.44%和 43.89%;玉米是最主要的饲用粮食品种,玉米饲用消费占中国谷物类粮食饲用

表 4.3　四大粮食品种的口粮与饲用粮食消费情况　　　　　　(万吨)

年份	口　　粮				饲　用　粮			
	玉　米	大　米	大　豆	小　麦	玉　米	大　米	大　豆	小　麦
1961	155.48	2 845.91	290.90	1 409.93	1 373.03	296.11	18.60	26.93
1971	276.61	6 044.69	453.95	2 823.21	2 861.56	624.24	26.00	42.43
1981	466.91	7 683.77	435.96	6 392.48	5 022.97	902.35	30.00	30.43
1991	560.46	8 837.48	399.81	9 385.25	6 360.56	1 015.46	20.00	24.32
2001	869.40	10 207.08	534.46	9 476.68	9 221.23	1 539.43	265.55	555.11
2002	895.04	10 200.59	477.61	9 273.25	9 407.95	1 479.35	190.67	605.77
2003	919.04	10 138.66	499.45	9 155.91	9 507.22	1 213.60	291.13	556.12
2004	916.89	10 145.60	509.67	9 135.39	9 685.28	1 015.90	359.44	255.46
2005	942.47	10 212.84	552.01	9 103.43	9 946.99	808.16	301.36	386.41
2006	892.62	10 260.91	542.61	9 115.90	9 757.23	1 011.41	321.58	564.93
2007	893.05	10 262.33	529.86	9 012.84	9 993.21	1 014.99	170.84	686.72
2008	924.55	10 320.36	459.42	9 095.87	10 411.35	1 315.26	150.92	704.89
2009	924.66	10 426.04	499.33	9 071.36	10 451.22	1 396.06	202.08	756.19

资料来源:根据 FAOSTAT 中 Food Balance Sheets 数据库所公布数据整理得出。

消费总量的比重长期维持在 80% 左右。大豆则是最主要的加工用粮食的构成部分,特别是中国加入 WTO 后,加工用大豆消费量迅速增长,2009 年已达 4 411 万吨,比 2001 年的加工量翻了一番,且仍呈增长趋势。四种主要粮食品种的种用消费及损耗相对均衡。但在其他用途方面,玉米消费呈非常明显快速增长态势,2009 年的玉米其他消费量达 2 677.24 万吨,比 2001 年增长了 1 609.03 万吨,占到谷物类粮食其他用粮消费的 84.09%。

4.2.2　中国粮食需求影响因素

影响粮食需求的因素多种多样,既有经济层面的价格、收入等因素,也有社会层面的人口、文化习俗等因素,甚至还会受到政府政策的影响。

1. 粮食价格

按照需求定理,正常商品的价格越低,需求量越低,价格越高,需求量越低。粮食显然属于正常商品,也就满足需求定理,即粮食需求量与粮食价格呈反向变化规律。然而,不同用途的粮食需求对粮食价格的敏感程度是不同的。口粮是生活中的必需品,且随着人们收入水平的提高,口粮消费占家庭总支出的比重并不大,粮食价格变化并不会导致口粮需求明显改变,即口粮缺乏价格弹性。饲料用粮与加工用粮更容易受到市场价格波动的影响,会表现出一定的价格弹性。种子用粮主要受到播种面积大小的约束,粮价的高低能引导农户调整粮食播种结构,却没法增减粮食播种总面积,并且,种子用粮需求在粮食需求总量中的比重并不多,所以种子用粮需求价格弹性亦不明显。尽管粮食需求的价格弹性较为缺乏,但通过供求原理可知,高粮价反映出粮食市场供不应求,低粮价时则供过于求,即自由市场上的粮食价格体现了市场上粮食需求的满足程度。

2. 人口规模与结构

人口规模与结构是影响粮食需求变动的重要因素。由于一国粮食需求总量取决于该国总人口数量及其人均粮食消费量,在其他条件保持不变时,总人口数量的增加即人口规模的扩大必然会导致一国粮食需求的增长。正如需求原理所解释的,人口规模的扩大会在价格不变的条件下导致需求曲线整体外移,增加粮食总需求。人口的城乡结构和年龄结构也会影响粮食的消费量与消费结构。如表4.2所示,我国城乡居民人均直接口粮消费及人均消费肉禽蛋奶类产品引致的间接粮食消费都存在较大差距,随着我国城乡一体化发展的加快,城镇人口占总人口的比重已达到52%以上,粮食的直接口粮消费将进一步下降,而饲用、加工用等粮食间接需求将大幅度增加。另外,也有学者指出,劳动力占人口比例增加会增加粮食需求,人口老龄化则会降低粮食需求。一些欧洲国家人口逐渐下降,且社会老龄化不断凸显,其粮食需求曲线呈现内移趋势;一些发展中国家人口增长快速,城市建设扩张显著,其粮食需求曲线正快速外移,粮食饥荒加剧。

3. 居民收入水平

收入的增长是推动粮食需求长期增长的一个重要因素。尽管口粮是生活必需品,其需求的收入弹性有限,但肉禽蛋奶等产品并不是生活必需品,这些产品的消费较富有收入弹性,即粮食的饲用消费是富有收入弹性的。随着居民收入水平的提高,其饮食构成中的肉禽蛋奶等富有营养价值的产品消费将不断增加,从而推动粮食间接需求的增长。中国社会科学院农村发展研究所李晨贵等专家认为,从中国粮食间接消费与人均GNP的弹性分析可以发现,随着人均收入水平的提高,粮食间接消费弹性值亦不断上升;1978年以来,中国人均GNP每提高10%,可引起粮食间接需求增加430万吨(黄宁慧,2010)。可见,居民收入水平的提高对粮食需求有重要影响。

4. 生物燃料发展

近年来,生物能源产业发展大幅度增加了粮食加工消费,成为粮食需求增长的又一股推动力量。生物燃料泛指由生物体组成或转化的固体、液体或气体燃料,如秸秆燃料、沼气等,狭义上仅指液体生物燃料,主要包括燃料乙醇、生物柴油和航空生物燃料等。生物燃料最初兴起的原因并不是为了解决能源紧缺,而是为了消化过剩的粮食,但后来世界石油价格的大幅上涨进一步刺激了生物燃料的发展,也极大促进了全球的粮食消费。据联合国粮农组织统计,2007年全球粮食总产量中有约 5％被用于生物燃料生产,美国更是有 23％的粗粮用于生产燃料乙醇,美国政府还计划未来消耗 50％—80％的玉米用于生产生物乙醇。如图 4.14 所示,近年来中国玉米消费量显著增加且增长趋势不减,其增长最快的部分便是其他用途消费量。

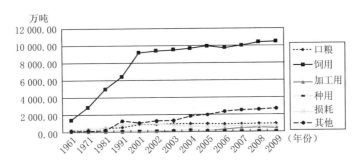

资料来源:根据 FAOSTAT 中 Food Balance Sheets 数据库所公布数据整理得出。

图 4.4　不同用途的玉米消费量增长趋势

5. 政府政策

政府政策对粮食需求的影响主要表现在两个方面。一方面是政府设定的粮食价格政策,如限定最低粮食收购价格以保证粮食供给并调整粮食需求。另一方面是政府制定的粮食产业扶持政策,鼓励或限制如畜牧业、食品加工业或生物燃料产业的发展以增加或减少粮食的间接消费需求。如美国政府为鼓励生物燃料产业发展,2012 年设定共计 1 220 万美元的相关项目补贴预算,正是在这一政策鼓励下,生物燃料企业在美国大量涌现,并将每年消耗其玉米产量的 40％。

除以上因素外,各国居民的消费偏好、饮食习惯、传统文化等因素在一定程度上也会影响一国粮食需求的总量及结构。总之,多重因素的共同作用决定了一国的粮食需求。

4.2.3　中国粮食需求发展趋势

一方面,随着中国经济社会的快速发展,城乡居民的收入水平将稳步提升;另一方面,中国人口总数呈刚性增长态势,而且,不断加快的城镇化建设步伐会使得城镇人口增长更为显著,因此,不难推断中国未来粮食需求中的口粮和饲料用粮部分将进一步增长。同时,随着科技水平的提升,粮食加工用途将更为广泛,中国粮食深加工领域将不断扩大,粮食深加工能力也将不断增强,加工用粮需求也将呈现增长态势。另外,由于中国粮食播种面积在未来难有大幅度提高,种子用粮需求将维持在以往需求水平。

同样,也有不少学者和研究机构对未来中国粮食的需求进行了预测。但由于大家在进行预测是所考虑的角度各有侧重,所采取的预测方法也不尽一致,甚至模型中所使用数据的统计口径也不尽相同,粮食需求的预测结果必然存在差异。分类推算法是运用最为广泛也比较直观和贴合实际的一种预测方法,即分别推算中国未来的口粮、饲料用粮、加工用粮、种子用粮、粮食损耗等消费量,然后加总得到中国未来粮食需求总量(如表4.4所示)。他们还对四大主要粮食品种的未来需求进行了预测(如表4.5所示)。进一步结合表4.6及4.2.1内容可知,中国未来的粮食需求将持续增长态势,口粮和种子用粮比重仍将较为稳定,饲料用粮比重将明显增加,加工用粮也将有所增长,稻米和玉米仍将是最主要的粮食消费品种。对比表4.1及4.6可知,各研究机构和学者普遍认为未来中国粮食需求增长将快于产量增长,国内将出现粮食供不应求的局面。

表4.4 对2020年中国粮食需求用途结构预测 (亿吨)

预测者	粮食总需求	口粮	饲料用粮	工业用粮	种子用粮
农业部课题	5.65	2.23(39.51%)	2.43(42.95%)	0.87(15.42%)	0.12(2.12%)
国家统计局	5.58	2.19(39.28%)	2.40(43.98%)	0.88(15.77%)	0.11(1.97%)
姜长云	5.56	2.13(38.29%)	2.60(46.57%)	0.67(15.42%)	0.11(2.0%)
孙宝民	5.66	1.96(34.65%)	2.64(46.62%)	0.84(12.13%)	0.11(1.92%)
张小瑜	5.68	2.33(41.02%)	2.32(40.85%)	0.90(15.85%)	0.12(2.11%)

注:表中括号内数据表示该用途粮食需求的预测值占粮食总需求预测值的比重。
资料来源:根据《基于国内粮食安全的中国粮食进出口战略研究》(孙宝民,2012)及《未来我国粮食供需形势预测分析》(张小瑜,2012)文中数据资料整理得出。

表 4.5 对 2020 年中国四大粮食品种需求预测 （亿吨）

预测者	粮食总需求	稻 谷	小 麦	玉 米	大 豆
农业部课题	5.65	2.09(37.0%)	1.15(20.40%)	1.57(27.80%)	0.47(8.30%)
国家统计局	5.58	1.91(34.32%)	10.4(18.55%)	1.64(29.45%)	0.49(8.78%)
姜长云	5.56	1.56(28.0%)	0.89(16.0%)	2.22(40.0%)	0.39(7.0%)
孙宝民	5.66	1.70(30.04%)	0.96(17.0%)	1.93(34.10%)	0.45(7.95%)
张小瑜	5.68	1.70(29.93%)	0.97(17.08%)	1.93(33.98%)	0.51(8.98%)

资料来源：同表4.4。

表 4.6 2030 年中国粮食需求量预测情况 （亿吨）

预测者	预测需求量	预测者	预测需求量
Brown, L.	6.41	黄季焜	6.88
Rosegrant，M.M.	6.82	梅方权	7.02
USDA	5.79	马晓河	7.23
海外经济合作基金会	8.06	黄宁慧	6.74
世界银行	7.17		

资料来源：根据《中国粮食进出口的适度规模及合理结构研究》(孙宝民,2012)及《我国粮食供给与需求综合平衡分析》(黄宁慧,2010)文中数据资料整理得出。

4.3 中国粮食产需变动与中国粮食进口关系分析

由以上分析可知,中国国内粮食产需前景并不乐观,国际上也一致认为中国粮食进口规模将进一步加大。然而,中国国内粮食产需与中国粮食进口之间到底存在怎样的作用关系,还有待进行进一步的实证检验。我们可以将国内粮食产出与进口、消费与进口的关系分别表示为 $IM = f(pro)$ 和 $IM = f(uti)$,运用协整分析法和格兰杰因果关系检验法进行研究。

4.3.1 分析方法与数据来源

1. 分析方法说明

（1）方法选择。为保证普通最小二乘法能得到一致的估计量并具有渐进的正态分布,传统的线性回归模型通常假定时间序列是平稳的。但由于事实上多数时间序列的非平稳性,研究者们通常采取对非平稳序列进行差分,并用差分后平稳的序列建模,以消除进行线性回归时可能产生的"伪回归"现象。但差分往往使数据中包含的长期调整信息丢失,回归的结果便也忽略了相关信息。协整分析则为非平稳时间序列的建模提供了良好的解决方法。它将时间序列分析中短期动态模型和长期均衡模型的优点结合起来,不仅反映变量之间的长期均衡关系,即这些变量能够长期相互影响,也反映在其他随机因素作用下分析变量短期内对均衡关系的偏离,以及自变量会以多大速度使因变量调整到长期均衡关系上来,大大提高了回归分析的实际指导意义。另外,这种长期均衡关系是否构成因果关系,即是粮食产量的减少(粮食消失消费的增加)促进了粮食进口的扩大,还是粮食进口的扩大导致了粮食产量的减少(粮食消失消费的增加),也需要进一步验证。基于此,本节运用协整分析法和格兰杰因果关系检验法共同分析中国粮食产需变动与中国粮食进口之间的关系。

（2）协整分析。如果一个序列是非平稳的,但其一阶差分是平稳的,则称此序列为一阶单整序列。依此类推,如果必须经过 d 次差分后才能平稳,则此序列为 d 阶单整序列。按照协整原理,如果已经判断两个序列是非平稳的,而且它们都是 d 阶单整序列,则可以利用对 OLS 求出协整回归方程,然后,通过检验回归方程的残差是否存在平稳性来判断两个序列的协整性。如果两个序列不是协整的,则它们的任意一个线性组合都是非平稳的,因此,其残差也必然是非平稳的;如果检验结果表明,其残差是平稳的,则可以认为两个序列之间存在协整关系。

（3）格兰杰因果关系检验。其基本思路是:如果两个经济变量 X 与 Y,在同

时包含过去 X 与 Y 信息的条件下,对 Y 的预测效果比只单独由 Y 的过去信息对 Y 的预测效果更好,即变量 X 有助于变量 Y 预测精度的改善,则认为 X 对 Y 存在格兰杰因果关系。具体的检验方法是:分别对基于"X 不是引起 Y 变化的原因""Y 不是引起 X 变化的原因"假设的回归模型进行检验,如果拒绝了原假设,便可得出"X 对 Y 存在格兰杰因果关系"或"Y 对 X 存在格兰杰因果关系"的结论。

2. 指标选取及数据来源与处理

本节主要分析 1980—2010 年间中国粮食国内产需与粮食进口间的均衡及因果关系。首先,从总体上分别对粮食生产与进口、需求与进口的关系进行均衡及因果检验;然后,将粮食细分到主要粮食产品子类进行检验,即分别考察小麦、玉米、大米、大豆的生产与进口、需求与进口的关系。

为保证数的统一性,本节分析中各类粮食产品的产量、需求量、进口量数据均来源于联合国粮农组织数据库(FAOSTAT)。因国际上一般不把大豆计入粮食产品,本节仅对 FAOSTAT 中的谷物类粮食进行总量分析,结合国际贸易标准分类编码(SITC),下文将中国粮食进口总量、总产量、总需求量分别用 $im10$、$pro10$、$uti10$ 来表示,四大类粮食产品(小麦、玉米、大米、大豆)的进口量分别用 $im1001$、$im1005$、$im1006$ 和 $im1201$ 来表示,产量分别用 $pro1001$、$pro1005$、$pro1006$ 和 $pro1201$ 来表示,需求量分别用 $uti1001$、$uti1005$、$uti1006$ 和 $uti1201$ 来表示。各类粮食需求量以对 FAOSTAT 中所列各类粮食的口粮、饲料用粮、加工用粮、种子用粮、粮食损耗和其他用粮求和得出。

4.3.2　变量的平稳性检验

在进行协整分析和格兰杰因果关系分析之前,先要对上述 15 个变量进行平稳性检验。对变量进行平稳性检验的标准方法主要有 6 种,即 Dichey-Fuller(DF)检验、Augmented Dichey-Fuller(ADF)检验、Phillips-Perron(PP)检验、Kwiatkowski-Phillops-Schmidt-Shim(KPSS)检验、Elliott-Rothenberg-Stock Point-Optimal(ERS)检

验、Ng-Perron(NP)检验。本书采用应用较多的 ADF 方法进行检验。

1. 总量的平稳性检验

按照上述原理,得到中国粮食总进口量、总产量和总需求量的平稳性检验结果如表 4.7 所示。显然,$im10$ 与 $pro10$ 为一阶单整,$im10$ 与 $uti10$ 在 5% 显著水平下一阶单整,均可进一步进行协整关系和因果关系分析。

表 4.7 总量平稳性检验结果

变 量	检验类型	ADF 检验值	临界值	结 论
$im10$	(c, 1, 1)	−3.109 7	−4.296 7*	不平稳
$pro10$	(c, 1, 3)	−2.678 6	−4.339 3*	不平稳
$uti10$	(c, 1, 1)	−1.901 9	−4.296 7*	不平稳
$\Delta im10$	(c, 0, 1)	−5.264 3	−2.647 1*	平 稳
$\Delta pro10$	(c, 0, 1)	−4.478 8	−2.647 1*	平 稳
$\Delta uti10$	(c, 0, 1)	−2.335 1	−1.952 9**	平 稳

注:*、** 分别表示 1%、5% 显著水平下的临界值。

2. 各子类变量的平稳性检验

同样,将中国四大主要粮食产品的进口量、产量和需求量进行变量间的平稳性检验,结果如表 4.8 所示。可以看出,变量 $im1001$ 与变量 $pro1001$、变量 $im1006$ 与变量 $pro1006$ 均为一阶单整,可进一步进行协整关系和因果关系检验;变量 $im1005$ 与变量 $uti1005$、变量 $im1006$ 与变量 $uti1006$ 均为一阶单整,变量 $im1201$ 与变量 $uti1201$ 为二阶单整,三组变量也可进一步进行协整关系和因果关系检验;变量 $pro1005$、变量 $uti1001$ 都为二阶单整,分别与变量 $im1005$、变量 $im1001$ 不为同阶单整,故不存在协整关系;变量 $pro1201$ 为一阶单整,与变量 $im1201$ 也非同阶单整,亦不存在协整关系。因此,下文仅对小麦(1001)和大米(1006)的进口与产出以及玉米(1005)、大米、大豆(1201)的进口与需求进行协整检验和格兰杰因果关系检验。

表 4.8　各子类变量平稳性检验结果

变　　量	检验类型	ADF 检验值	临界值	结　　论
$im1001$	(c, 1, 1)	-2.7084	-4.2967^*	不平稳
$im1005$	(c, 1, 1)	-3.7202	-4.2967^*	不平稳
$im1006$	(c, 1, 1)	-4.1425	-4.2967^*	不平稳
$im1201$	(c, 1, 1)	2.9747	-4.3098^*	不平稳
$pro1001$	(c, 1, 1)	-2.4340	-4.2967^*	不平稳
$pro1005$	(c, 1, 1)	-3.4632	-4.2967^*	不平稳
$pro1006$	(c, 1, 1)	-2.6801	-4.2967^*	不平稳
$pro1201$	(c, 1, 1)	-3.1003	-4.2967^*	不平稳
$uti1001$	(c, 1, 2)	-1.8276	-4.3240^*	不平稳
$uti1005$	(c, 1, 1)	-2.2337	-4.2967^*	不平稳
$uti1006$	(c, 1, 1)	-2.9489	-4.2967^*	不平稳
$uti1201$	(c, 1, 6)	2.8317	-4.3943^*	不平稳
$\Delta im1001$	(c, 0, 1)	-4.8447	-2.6471^*	平　稳
$\Delta im1005$	(c, 0, 1)	-7.7829	-2.6471^*	平　稳
$\Delta im1006$	(c, 0, 1)	-7.3834	-2.6471^*	平　稳
$\Delta im1201$	(c, 0, 2)	1.6077	-2.6534^*	不平稳
$\Delta\Delta im1201$	(c, 0, 1)	-6.7858	-2.6534^*	平　稳
$\Delta pro1001$	(c, 0, 1)	-4.5433	-2.6471^*	平　稳
$\Delta pro1005$	(c, 0, 2)	-1.6856	-2.6534^*	不平稳
$\Delta\Delta pro1005$	(c, 0, 1)	-11.0280	-2.6534^*	平　稳
$\Delta pro1006$	(c, 0, 1)	-4.6233	-2.6471^*	平　稳
$\Delta pro1201$	(c, 0, 1)	-6.1177	-2.6471^*	平　稳
$\Delta uti1001$	(c, 0, 1)	-1.2298	-2.6471^*	不平稳
$\Delta\Delta uti1001$	(c, 0, 1)	-5.8701	-2.6501^*	平　稳
$\Delta uti1005$	(c, 0, 1)	-3.0410	-2.6471^*	平　稳
$\Delta uti1006$	(c, 0, 1)	-4.1672	-2.6471^*	平　稳
$\Delta uti1201$	(c, 0, 6)	2.2788	-2.6694^*	不平稳
$\Delta\Delta uti1201$	(c, 0, 5)	-3.2537	-2.6694^*	平　稳

4.3.3 变量的协整检验和格兰杰因果关系检验

对于每一组粮食进口与生产变量,本书先后对其进行协整检验和格兰杰因果关系检验。进行协整分析时,按照 EG 两步法,首先利用 OLS 估计,构建如下回归模型:

$$im_t = \alpha_0 + \alpha_1 pro_t + \mu_t \qquad (4.1)$$

并得到回归方程的残差项:

$$\bar{\mu}_t = im_t - \alpha_0 - \alpha_1 pro_t \qquad (4.2)$$

然后,对残差项 $\bar{\mu}_t$ 进行单位根检验。如果 $\bar{\mu}_t$ 是平稳的,则表明变量 im_t 与变量 pro_t 存在协整关系;如果 $\bar{\mu}_t$ 是非平稳的,则两变量间不存在协整关系。如果变量 im_t 与变量 pro_t 存在协整关系,为考察两者间的动态关系,再建立如下误差修正模型:

$$\Delta im_t = \alpha_0 + \alpha_1 \Delta pro_t + \beta ecm_t + \mu_t \qquad (4.3)$$

其中,ecm_t 为误差修正项,且 $ecm_t = im_{t-1} - \alpha_0 - \alpha_1 pro_{t-1}$。下文仅对粮食总进口量与总产量(总需求量)进行误差修正模型的分析。

进行格兰杰因果关系检验,首先对"pro 不是引起 im 变化的原因"这一原假设进行检验,即对下面这个模型进行估计:

$$im_t = C_1 + \sum_{i=1}^{n} \alpha_i im_{t-i} + \sum_{i=1}^{n} \beta_i pro_{t-i} + \varepsilon_t \qquad (4.4)$$

然后,用回归的残差平方和计算 f 统计量,检验系数 $\beta_i (i = 1, \cdots, n)$ 是否同时显著为 0。如果是,我们就可拒绝原假设而得出"pro 对 im 存在格兰杰因果关系"的结论。同时,对"im 不是引起 pro 变化的原因"的原假设进行检验,即交换 (4.4) 式中 pro 和 im 的位置,并做同样的回归估计。

同样,对于每一组粮食进口与需求变量(uti),用 uti 替换 (4.1)—(4.4) 式中的

pro，按照上述方法对其进行协整检验和格兰杰因果关系检验。

1. 总量的协整关系及因果关系分析

（1）粮食进口总量与总产量间的协整及因果关系。

首先，根据 EG 两步法建立如下回归方程：

$$im10 = 31.329\,9 - 0.049\,0pro10 + \bar{\mu}_t \tag{4.5}$$

$$(t = 5.404\,7)(t = -2.903\,3)$$

$$R^2 = 0.73 \quad \text{D.W.} = 1.49$$

得到残差：

$$\bar{\mu}_t = im10 + 0.049\,0pro10 - 31.329\,9 \tag{4.6}$$

对残差 $\bar{\mu}_t$ 进行单位根检验，其 ADF 检验结果如表 4.9 所示。由表 4.9 可知，$\bar{\mu}_t$ 序列在 1% 的显著水平下检验统计量 $-2.897\,9$ 小于临界值 $-2.644\,3$，接受不存在单位根的假设，因此可以认为 $\bar{\mu}_t$ 为平稳序列，即 $\bar{\mu}_t \sim I(0)$。以上结果表明，$im10$ 和 $pro10$ 之间存在协整关系，并且具有负相关性。为进一步考察两者间的动态关系，建立如下误差修正模型：

$$\Delta im10 = -0.536\,9 + 0.048\,3\Delta pro10 - 0.526\,3ecm_t + \mu_t \tag{4.7}$$

$$(t = -0.739\,2)(t = 1.211\,9)(t = -3.558\,6)$$

$$R^2 = 0.82 \quad \text{D.W.} = 1.61$$

表 4.9　残差单位根检验

变量	检验类型(C, T, N)	ADF 检验值	1% 显著水平临界值
$\bar{\mu}_t$	$(0, 0, 1)$	$-2.897\,86$	$-2.644\,3$

利用上述误差修正模型，我们可以对粮食进口的短期变动进行分析。粮食进口的短期变动可以分为两部分，一部分是由于短期粮食产量变动（$\Delta pro10$）的影响，另一部分是由于前一期粮食进口偏离长期均衡关系的影响。误差修正项 ecm_t 系数的大小即反映了经济运行系统对偏离长期均衡的调整力度。从（4.7）式可知，当粮食进口与产出偏离长期均衡时，经济运行系统将以 $-0.526\,3$ 的速度对前

一期粮食进口与产出之间的非均衡状态进行调整,将其拉回长期均衡状态。

然后,根据格兰杰因果关系检验原理,得到粮食进口总量与总产量的检验结果(如表 4.10 所示)。结果显示,在经济运行滞后 1 期时,"$pro10$ 不是 $im10$ 的格兰杰原因"的概率小于 5％,因此拒绝该原假设,即认为"$pro10$ 是 $im10$ 的格兰杰原因";但第二个假设的概率大于 10％,因此不能拒绝该原假设,即认为"$im10$ 不是 $pro10$ 的格兰杰原因"。这说明,中国粮食进口不会对国内粮食生产造成明显影响,但国内粮食生产会影响下一年的粮食进口。

表 4.10 格兰杰因果关系检验

样本区间:1980—2010 年			
滞后阶数:1			
原假设	观测值	F 统计量	概率 P
$pro10$ 不是 $im10$ 的格兰杰原因	30	6.212 6	0.019 1
$im10$ 不是 $pro10$ 的格兰杰原因	30	1.434 9	0.241 4

(2)粮食进口总量与总需求量间的协整及因果关系。

首先,根据 EG 两步法建立如下回归方程:

$$im10 = 34.833\ 1 - 0.058\ 1uti10 + \bar{\mu}_t \tag{4.8}$$
$$(t = 5.601\ 9)(t = -3.269\ 6)$$
$$R^2 = 0.67 \quad D.W. = 1.56$$

得到残差:

$$\bar{\mu}_t = im10 + 0.058\ 1uti10 - 34.833\ 1 \tag{4.9}$$

对残差 $\bar{\mu}_t$ 进行单位根检验,其 ADF 检验结果如表 4.11 所示。由表可知,$\bar{\mu}_t$ 序列在 1％的显著水平下检验统计量$-3.066\ 8$小于临界值$-2.644\ 3$,接受不存在单位根的假设,因此可以认为 $\bar{\mu}_t$ 为平稳序列,即 $\bar{\mu}_t \sim I(0)$。以上结果表明,$im10$ 和 $uti10$ 之间存在协整关系,并且具有负相关性。为进一步考察两者间的动态关系,建立如下误差修正模型:

$$\Delta im10 = -1.1135 + 0.1399 \Delta uti10 - 0.5212 ecm_t + \mu_t \qquad (4.10)$$

$$(t = -1.4760) \quad (t = 2.2162) \quad (t = -3.6807)$$

$$R^2 = 0.79 \qquad D.W. = 1.74$$

从误差修正模型可知,当粮食进口与需求偏离长期均衡时,经济运行系统将以 -0.5212 的速度对前一期粮食进口与需求之间的非均衡状态进行调整,以将其拉回长期均衡状态。

表 4.11　残差单位根检验

变量	检验类型(C, T, N)	ADF 检验值	1% 显著水平临界值
$\bar{\mu}_t$	(0, 0, 1)	−3.0668	−2.6443

然后,根据格兰杰因果关系检验原理,得到粮食进口总量与总需求量的检验结果(如表 4.12 所示)。结果表明,$uti10$ 是 $im10$ 的格兰杰原因,但 $im10$ 不是 $uti10$ 的格兰杰原因,即中国粮食进口不会对国内粮食需求造成明显影响,但国内粮食需求会影响下一年的粮食进口。

表 4.12　格兰杰因果关系检验

样本区间:1980—2010 年			
滞后阶数:1			
原假设	观测值	F 统计量	概率 P
$uti10$ 不是 $im10$ 的格兰杰原因	30	5.3317	0.0288
$im10$ 不是 $uti10$ 的格兰杰原因	30	0.1397	0.7115

2. 小麦进口量与产量间的协整关系及因果关系分析

首先,根据 EG 两步法建立如下回归方程:

$$im1001 = 23.7926 - 0.1687 pro1001 + AR(1)0.6716 + MA(1)0.3201 + \bar{\mu}_t \qquad (4.11)$$

$$(t = 2.7747)(t = -2.0535) \quad (t = 3.6404) \quad (t = 1.3588)$$

$$R^2 = 0.76 \qquad D.W. = 2.01$$

得到残差:

$$\bar{\mu}_t = im1001 - 23.7926 + 0.1687pro1001 - AR(1)0.6716 - MA(1)0.3201$$

$$(4.12)$$

对残差 $\bar{\mu}_t$ 进行单位根检验,其 ADF 检验结果如表 4.13 所示。由表可知,$\bar{\mu}_t$ 序列在 1% 的显著水平下检验统计量 -5.4124 小于临界值 -2.6471,接受不存在单位根的假设,因此可以认为 $\bar{\mu}_t$ 为平稳序列,即 $\bar{\mu}_t \sim I(0)$。以上结果表明,$im1001$ 和 $pro1001$ 之间存在协整关系。

表 4.13　残差单位根检验

变量	检验类型(C, T, N)	ADF 检验值	5%显著水平临界值
$\bar{\mu}_t$	$(0, 0, 1)$	-5.4124	-2.6471

然后,根据格兰杰因果关系检验原理,得到小麦进口量与需求量的检验结果(如表 4.14 所示)。结果表明,$pro1001$ 是 $im1001$ 的格兰杰原因,但 $im1001$ 不是 $pro1001$ 的格兰杰原因,中国小麦进口不会对国内小麦生产造成明显影响,但国内小麦生产会影响下一年的小麦进口。

表 4.14　格兰杰因果关系检验

样本区间:1980—2010 年			
滞后阶数:1			
原假设	观测值	F 统计量	概率 P
$pro1001$ 不是 $im1001$ 的格兰杰原因	30	4.9742	0.0342
$im1001$ 不是 $pro1001$ 的格兰杰原因	30	2.8797	0.1012

3. 玉米进口量与需求量间的协整关系及因果关系分析

首先,根据 EG 两步法建立如下回归方程:

$$im1005 = 3.2233 + 0.01731uti1005 + AR(1)0.3005 + MA(2)0.072 + \bar{\mu}_t$$

$$(4.13)$$

$$(t-2.3736) \quad (t=1.4661) \quad (t=1.5449) \quad (t=0.3491)$$

$$R^2 = 0.68 \qquad D.W. = 1.99$$

得到残差:

$$\bar{\mu}_t = im1005 - 3.2233 - 0.01731uti1005 - AR(1)0.3005 - MA(2)0.072$$

$$(4.14)$$

对残差 $\bar{\mu}_t$ 进行单位根检验,其 ADF 检验结果如表 4.15 所示。由表可知,$\bar{\mu}_t$ 序列在 5% 的显著水平下检验统计量 -5.3817 小于临界值 -2.6471,接受不存在单位根的假设,因此可以认为 $\bar{\mu}_t$ 为平稳序列,即 $\bar{\mu}_t \sim I(0)$。以上结果表明,$im1005$ 和 $uti1005$ 之间存在协整关系。

表 4.15　残差单位根检验

变量	检验类型(C, T, N)	ADF 检验值	1% 显著水平临界值
$\bar{\mu}_t$	$(0, 0, 1)$	-5.3817	-2.6471

然后,根据格兰杰因果关系检验原理,得到玉米进口量与玉米需求量的检验结果(如表 4.16 所示)。结果表明,$uti1005$ 不是 $im1005$ 的格兰杰原因,但 $im1005$ 是 $uti1005$ 的格兰杰原因,即中国国内玉米需求不会对玉米进口产生明显影响,但玉米进口会影响国内玉米需求。

表 4.16　格兰杰因果关系检验

样本区间:1980—2010 年			
滞后阶数:2			
原假设	观测值	F 统计量	概率 P
$uti1005$ 不是 $im1005$ 的格兰杰原因	29	0.0798	0.9235
$im1005$ 不是 $uti1005$ 的格兰杰原因	29	5.63988	0.0098

4. 大米相关变量的协整关系及因果关系分析

相对国内大米产量和需求量而言,中国大米的进口量极为微小,通过 EG 两步法所建立回归方程的 R^2 均不足 0.1,两两间的长期均衡关系并不显著,所以,此处仅对其做格兰杰因果关系进行分析。

（1）大米进口量与产量间的因果关系。

根据格兰杰因果关系检验原理,得到大米进口与大米产量的检验结果(如表4.17)所示。结果显示,在经济运行滞后1至3期时,存在$im1006$到$pro1006$的单向关系,在经济运行滞后2期时,$im1006$与$pro1006$存在双向因果关系。因此,可以认为大米进口会影响后期大米的生产,而大米的生产也会对滞后2期的大米进口产生影响。

表4.17　多个滞后长度的格兰杰因果关系检验

样本区间:1980—2010年					
原假设	滞后长度	F统计量	概率P	对原假设的判断	
$pro1006 /\!\!\rightarrow im1006$	1	0.874 98	0.357 9	接	受
$im1006 /\!\!\rightarrow pro1006$	1	7.326 25	0.011 6	拒	绝
$pro1006 /\!\!\rightarrow im1006$	2	3.446 52	0.048 3	拒	绝
$im1006 /\!\!\rightarrow pro1006$	2	3.884 3	0.034 6	拒	绝
$pro1006 /\!\!\rightarrow im1006$	3	2.312 18	0.105 4	接	受
$im1006 /\!\!\rightarrow pro1006$	3	4.205 85	0.017 7	拒	绝

注:"$pro1006/\!\!\rightarrow im1006$"表示"$pro1006$不是$im1006$的格兰杰原因"。

（2）大米进口量与需求量间的协整及因果关系。

根据格兰杰因果关系检验原理,得到大米进口与大米需求的检验结果(如表4.18所示)。通过检验回归模型中不同的滞后长度,都得到了如表4.18所示一致的结论,即$uti1006$不是$im1006$的格兰杰原因,$im1006$也不是$uti1006$的格兰杰原因。因此,可以认为中国大米进口与国内大米需求间并无明显因果关系。

表4.18　格兰杰因果关系检验

样本区间:1980—2010年			
滞后阶数:2			
原假设	观测值	F统计量	概率P
$uti1006$不是$im1006$的格兰杰原因	29	0.656 36	0.527 8
$im1006$不是$uti1006$的格兰杰原因	29	0.851 53	0.439 3

5. 大豆进口量与需求量间的协整关系及因果关系分析

首先,根据 EG 两步法建立如下回归方程:

$$im1201 = -4.532\,0 + 0.393\,1uti1201 + AR(1)0.681\,9 + \bar{\mu}_t \qquad (4.15)$$

$$(t = -2.961\,2)(t = -3.203\,8) \quad (t = 4.405\,7)$$

$$R^2 = 0.98 \qquad D.W. = 2.29$$

得到残差:

$$\bar{\mu}_t = im1201 - 0.393\,1uti1201 - AR(1)0.681\,9 + 4.532 \qquad (4.16)$$

对残差 $\bar{\mu}_t$ 进行单位根检验,其 ADF 检验结果如表 4.19 所示。由表 4.19 可知, $\bar{\mu}_t$ 序列在 1% 的显著水平下检验统计量 $-6.780\,4$ 小于临界值 $-2.647\,1$,接受不存在单位根的假设,因此可以认为 $\bar{\mu}_t$ 为平稳序列,即 $\bar{\mu}_t \sim I(0)$。以上结果表明, $im1201$ 和 $uti1201$ 之间存在协整关系。

表 4.19　残差单位根检验

变量	检验类型(C, T, N)	ADF 检验值	1% 显著水平临界值
$\bar{\mu}_t$	$(0, 0, 1)$	$-6.780\,4$	$-2.647\,1$

然后,根据格兰杰因果关系检验原理,得到大豆进口量与大豆需求量的检验结果(如表 4.20 所示)。从检验结果可以看出,分别接受了"$uti1201$ 不是 $im1201$ 的格兰杰原因"和"$im1201$ 不是 $uti1201$ 的格兰杰原因"的假设,排除了大豆进口与大豆需求之间的格兰杰因果关系,即说明中国大豆进口与国内大豆需求之间并不存在显著因果关系。

表 4.20　格兰杰因果关系检验

样本区间:1980—2010 年			
滞后阶数:2			
原　　假　　设	观测值	F 统计量	概率 P
$uti1201$ 不是 $im1201$ 的格兰杰原因	29	1.153 55	0.332 4
$im1201$ 不是 $uti1201$ 的格兰杰原因	29	0.111 99	0.894 5

4.3.4　实证结果分析及评价

上述检验结果表明,中国谷物类粮食进口与中国国内生产、需求间存在协整关系和单向因果关系,即谷物类粮食进口不会对谷物类粮食生产和需求产生显著影响,而谷物类粮食生产和需求则会对谷物粮食进口产生影响。进一步对中国四大主要粮食品种进行检验我们发现,进口与生产和需求之间的影响关系在不同品种间存在较大差异。检验结果表明,在进口量与产量变量之间,小麦和大米的进口量与产量之间存在相反的单向因果关系,即小麦进口不对小麦生产产生显著影响,但小麦生产会影响小麦进口,而大米进口会对大米生产产生影响,但大米生产却不会对大米进口产生显著影响;在进口量与需求量之间,仅玉米进口与需求间存在单向因果关系,即玉米进口会影响玉米需求,但玉米需求对玉米进口的影响不明显;另外,在符合检验条件的变量组中,大米和大豆的进口与需求之间并不在明显的因果关系。

中国粮食进口不会对国内粮食生产和需求产生显著影响,而国内粮食生产和需求则会在一定程度上影响粮食进口,这与以往的研究结论基本一致,也符合开放经济条件下市场供求均衡的基本原理。若要维持国内粮食供需的均衡,一国需要依托国际市场进行粮食贸易调节来弥补国内存在的粮食供需缺口。对于大米进口影响大米生产、玉米进口影响玉米需求这一看似反向的因果关系的存在,事实上也不难理解。粮食生产和消费需求的变动定会影响粮食贸易的格局,但由于影响粮食生产和消费的因素相当复杂,粮食生产和消费对粮食进口的影响未必能直观地显示出来。比如,在产量(或需求)恒定的假设前提下,国内消费需求的增长(或产量的减少)势必带动进口,那么需求(或生产)对进口的影响也显而易见;但当生产与需求同时变动时,需求或生产对进口的影响效果则会被削弱或掩盖。以大米为例,1980—2010 年间中国大米产量和消费需求量的年均增幅分别为1.3%、1.1%,但大米进口的年均增幅则达 8.7%,相比之下,国内大米生产的变动对大米进口的影响效应在很大程度上就被弱化了。

4.4　本章小结

　　本章在对中国粮食生产与需求的历史、现状及发展趋势进行定量与定性分析的基础上,分别对中国粮食生产、需求的变动与中国粮食进口变动进行协整分析和格兰杰因果关系检验,主要得到以下结论:一是尽管中国粮食产量趋于增长,但受投入要素、市场及自然因素的制约,粮食增产速度有限;二是中国粮食总需求持续增长,在人口、居民收入水平、生物燃料发展等因素刺激下,粮食需求扩张速度要快于粮食增产的速度;三是中国粮食产需与中国粮食进口之间存在单向因果关系,粮食产需会影响粮食进口,但粮食进口对粮食产需的影响不显著,而且不同粮食品种的产需与其进口的关系存在一定差异。

第 5 章

世界粮食市场变动及其与中国粮食进口的关系

近年来,随着中国经济不断深入地参与到经济全球化,世界粮食市场供求及贸易局势的变动对中国粮食进口的影响越来越显著,世界粮食市场对中国粮食进口信息的反应也越来越敏感。因此,深入研究世界粮食供求及贸易格局变动对中国粮食进口的影响,进一步认清世界粮食市场与中国粮食进口的相互作用关系,对合理调整中国粮食进口规模及结构具有重要指导意义。

5.1 世界粮食供求及贸易格局的变动

20 世纪 60 年代以来,世界粮食供求整体都呈上升趋势,总规模上基本能维持均衡。但自 20 世纪 70 年代开始,世界粮食的供求格局发生了明显变化,北美逐渐成为粮食主要出口地,东欧粮食出口能力慢慢丧失,拉美和非洲成为粮食主要进口地区,亚洲粮食进口也在不断增加。进入 21 世纪后,世界粮食供给增长渐渐落后世界粮食需求增长,世界粮食供求关系也由过去的基本均衡转为了明显偏紧。

5.1.1 世界粮食供给特征及发展趋势

世界粮食供给的特征主要体现在三个方面:

一是世界粮食产量总规模持续扩大(如图5.1所示)。FAO粮食作物产量数据显示,世界谷物类粮食总产量在1961年仅为8.77亿吨,随后每经历3—4年增产,便有一次减产。1996年,世界谷物类粮食总产量突破20亿吨大关,达到20.72亿吨。WTO成立后,世界粮食产量波动更为频繁,呈现每隔1—2年便减产一次的规律,但整体呈增长趋势明显,2011年谷物类粮食总产量达25.87亿吨,比上一年增长4.47%。

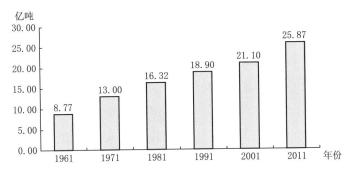

资料来源:根据FAOSTAT数据库资料整理得出。

图5.1　世界谷物类粮食总产量增长趋势

二是粮食主要品种发展不均衡。如图5.2所示,在世界粮食产量中,玉米产量规模最大,且增长速度快,2012—2013年度玉米世界总产量占世界谷物类粮食总产量的37.81%,达8.74亿吨,比2000—2001年度增长47.17%;小麦是世界第二大类谷物粮食,产量波动较为明显,2012—2013年度其世界总产量仅比2000—2001

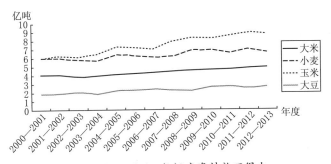

资料来源:根据FAO的AMIS statistics数据库资料整理得出。

图5.2　近年来四大粮食品种全球产量增长趋势

年度增长 11.69%，达 6.59 亿吨，占到世界谷物类粮食总产量的 28.51%；世界大米生产维持了较为稳定的缓慢增长态势，2012—2013 年度其产量达到 4.90 亿吨，占到世界谷物类粮食总产量的 21.21%，有望在 2014—2015 年度迈上 5 亿吨的新台阶；世界大豆产量近年来增长极为迅速，2012—2013 年度其产量达到 2.66 亿吨，比 2000—2001 年度增长了 52.17%。

三是世界粮食生产区域集中度高。一直以来，世界粮食生产主要集中在亚洲、美洲和欧洲地区，2011 年三大地区谷物类粮食产量分别占到世界谷物类粮食总产量的 50%、23% 和 18%（如图 5.3 所示）。结合主要粮食品种及生产国别来看（如表 5.1 所示），玉米生产以美国、中国为主，2011 年两国玉米产量分别占到世界玉米产量的 36% 和 22%；中国和印度是世界大米产量大国，两国大米产量占到世界大米产量的 50%，而且，发展中国家的大米产量占到世界大米总产量的 90% 以上；小麦生产相对分散，前 4 大小麦生产国的产量共占据世界小麦总产量的 45%；大豆生产集中度高，美国、巴西和阿根廷三国的大豆产量共占据了世界大豆的 79%。

表 5.1　2011 年主要粮食品种产量前十位的国家及其产量　　（亿吨）

名次	玉 米		大 米		小 麦		大 豆	
	国 家	产量	国 家	产量	国 家	产 量	国 家	产量
1	美 国	3.14	中 国	2.03	中 国	1.17	美 国	0.83
2	中 国	1.93	印 度	1.56	印 度	0.87	巴 西	0.75
3	巴 西	0.56	印 尼	0.66	俄罗斯	0.56	阿根廷	0.49
4	阿根廷	0.24	孟加拉国	0.51	美 国	0.54	中 国	0.14
5	乌克兰	0.23	越 南	0.42	法 国	0.38	印 度	0.12
6	印 度	0.22	泰 国	0.35	澳大利亚	0.27	巴拉圭	0.08
7	墨西哥	0.18	缅 甸	0.33	加拿大	0.25	加拿大	0.04
8	印 尼	0.18	菲律宾	0.17	巴基斯坦	0.25	玻利维亚	0.02
9	法 国	0.16	巴 西	0.13	德 国	0.23	乌克兰	0.02
10	罗马尼亚	0.12	哥伦比亚	0.09	哈萨克斯坦	0.23	俄罗斯	0.02

资料来源：根据 FAOSTAT 中 Production 数据库所公布数据整理得出。

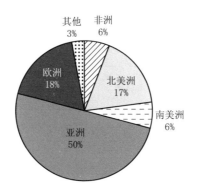

资料来源:根据 FAOSTAT 数据库资料整理得出。

图 5.3 世界粮食生产区域分布

受到世界总耕地资源与水资源的约束,全球粮食产量增速将不断放缓。从联合国粮农组织数据库获得的 2013—2022 年全球谷物类粮食产量预测数据来看,未来十年全球粮食总产量及主要粮食品种的产量都呈稳步增长态势,谷物类粮食将以年均 1.4% 的速度增长,其中约有 57% 的增长将源于发展中国家;粗粮和小麦产出水平预计将在十年内增长 12%,将有可能出现粗粮产量增长快于小麦和大米产量增长的情形。具体预测结果如表 5.2 所示。

表 5.2 世界谷物生产展望 （百万吨、百万公顷、吨/公顷）

收成年度	小 麦			粗 粮			大 米		
	产量	面积	单产	产量	面积	单产	产量	面积	单产
2013—2014	697.4	222.8	3.1	1 249.1	333.8	3.7	493.7	162.1	3.0
2014—2015	711.8	225.5	3.2	1 232.6	332.5	3.7	500.5	162.6	3.1
2015—2016	716.5	225.4	3.2	1 234.3	330.9	3.7	506.7	162.9	3.1
2016—2017	724.1	225.9	3.2	1 259.7	333.0	3.8	512.4	163.3	3.1
2017—2018	732.4	226.6	3.2	1 287.6	336.1	3.8	518.2	163.6	3.2
2018—2019	740.4	226.9	3.3	1 312.5	339.0	3.9	524.0	163.9	3.2

续表

收成年度	小 麦			粗 粮			大 米		
	产量	面积	单产	产量	面积	单产	产量	面积	单产
2019—2020	753.6	228.6	3.3	1 337.5	342.6	3.9	530.3	164.1	3.2
2020—2021	764.6	230.0	3.3	1 359.4	345.7	3.9	536.4	164.4	3.3
2021—2022	775.4	231.1	3.4	1 382.0	348.6	4.0	542.9	164.6	3.3
2022—2023	784.5	231.8	3.4	1 407.1	352.0	4.0	549.3	164.9	3.3

资料来源:根据《经合组织—粮农组织2013—2022年农业展望》(2013)整理得出。

5.1.2 世界粮食需求特征及发展趋势

世界粮食需求的特征可以从以下四方面来概括:

第一,粮食需求总规模持续增长,这是世界粮食需求发展过程中最直观的特征。如图5.4所示,1961年,世界谷物类粮食消费总量为7.99亿吨,随后几乎是年年递增,仅在1988、1991和2009年分别比前一年下降0.13亿吨、0.03亿吨和0.12亿吨,2004年时已跨越20亿吨的规模,达到20.09亿吨,2012—2013年度升至23.36亿吨,比十年前增长了19%。

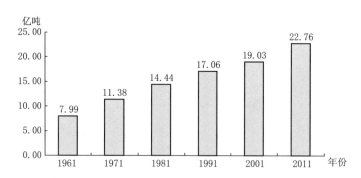

资料来源:根据FAOSTAT中的Food Balance Sheets数据库资料整理得出。

图5.4 世界谷物类粮食总消费增长趋势

第二,粮食需求也呈现出品种消费结构不均衡的特征。如图 5.5 所示,玉米是最主要的粮食消费品种,不仅在规模上占据了最大比重,消费增长速度也明显快于其他谷物粮食品种的消费增长速度,2012—2013 年度,全球玉米消费量占全球谷物类粮食消费总量的 37.84%,达到 8.84 亿吨,比 2000—2001 年度增长了 43.85%;小麦是第二大类粮食消费品种,2012—2013 年度其消费量仅比 2000—2001 年度增长 16.14%,达 6.85 亿吨,占全球谷物类粮食消费总量的 29.34%;大米在 2012—2013 年度的消费量为 4.78 亿吨,比 2000—2001 年度增长 18.53%,占到全球谷物类粮食消费总量的 20.47%;尽管世界大豆消费的总规模相对较小,但其增长速度较快,2012—2013 年度其消费量仅为 2.65 亿吨,但却比 2000—2001 年度增长 50.82%。

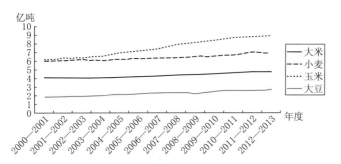

资料来源:根据 FAO 的 AMIS statistics 数据库资料整理得出。

图 5.5 近年来四大粮食品种世界消费量情况

第三,不同用途粮食的世界消费增长程度不一。如图 5.6 所示,口粮和饲料用粮是世界谷物类粮食最主要的用途,多年来的上涨趋势也尤为明显,2009 年分别达到 9.77 亿吨和 7.46 亿吨,分别占当年世界谷物类粮食消费总量的 44.81% 和 34.23%;种子用粮一直较为稳定;加工用粮近十年来显著增长,2009 年加工消费粮食 1.99 亿吨,比 2001 年上涨了 131.67%,也占到了世界谷物粮食消费种粮的 9.11%;粮食损耗在 2009 年也占到了世界谷物类粮食消费的 4.37%,并呈上升态势。结合四大粮食品种来看,如表 5.3 所示,玉米主要用作饲料,其次是口粮,近年来其作为加工用部分迅速增加,2009 年加工用玉米达 1.57 亿吨;大米和小麦主要

用作口粮消费,另有少部分为饲用;大豆主要用作加工,2009年大豆加工用量达
1.98亿吨,有被玉米赶超之势。

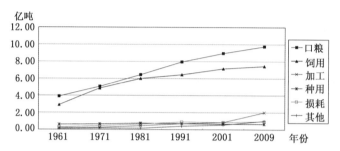

资料来源:根据FAOSTAT中Food Balance Sheets数据库所公布数据整理得出。

图5.6 不同用途谷物类粮食世界消费增长趋势

表5.3 四大粮食品种不同用途世界消费情况 (百万吨)

	口粮	饲用用粮	加工用粮	种子用粮	粮食损耗	其他用粮
玉米						
1961	33.55	147.14	5.44	6.36	7.99	6.00
1971	42.11	211.62	8.95	6.39	11.10	8.28
1981	57.96	295.09	19.35	6.62	19.61	11.54
1991	77.53	325.38	38.94	7.29	22.81	28.25
2001	95.81	415.23	52.86	5.68	26.15	29.90
2009	113.98	441.67	157.05	5.53	30.21	51.32
大米						
1961	17 732.79	676.50	186.61	1 326.56	1 073.48	61.12
1971	265.54	14.60	2.61	16.45	16.29	0.84
1981	335.88	18.95	3.07	18.11	22.57	2.54
1991	415.14	24.87	3.18	16.49	30.15	7.85
2001	485.24	37.26	3.49	16.32	35.56	15.85
2009	531.64	42.25	4.45	17.40	40.09	38.33

	口粮	饲用用粮	加工用粮	种子用粮	粮食损耗	其他用粮
小麦						
1961	165.57	19.67	0.60	24.89	7.88	2.81
1971	208.75	74.16	1.16	27.98	11.49	3.56
1981	289.40	88.41	3.89	33.72	17.67	3.41
1991	376.60	97.70	3.73	32.01	29.49	7.25
2001	411.09	105.52	3.47	32.40	21.19	12.43
2009	439.42	113.61	5.81	33.37	24.32	17.93
大豆						
1961	4.20	0.37	17.09	2.09	1.11	0.00
1971	6.17	0.86	37.23	2.42	1.64	0.00
1981	6.71	1.30	72.32	3.46	2.03	0.02
1991	6.63	3.80	88.09	3.77	3.03	0.01
2001	9.43	6.36	149.31	5.91	3.43	1.99
2009	10.83	8.15	198.06	6.96	9.55	0.97

资料来源:根据 FAOSTAT 中 Food Balance Sheets 数据库所公布数据整理得出。

第四,不同经济发展水平国家对粮食主要用途的需求存在差异(如表 5.4 所示)。口粮方面,发达国家的消费比重远低于发展中国家,表 5.4 中所列 10 个发达国家的口粮消费占本国谷物粮食消费的比重的均值仅为 26.60%,美国甚至不到10%,而表 5.4 中所列 10 个发展中国家相应比重均值则为 52.39%。饲用方面则正好相反,发达国家饲用粮食消费比重远高于发展中国家,加拿大、德国、澳大利亚等发达国家饲用粮消费比重达 60% 以上,而印度、印度尼西亚、泰国等发展中国家饲用粮比重尚不足 10%。加工用粮方面,仍然是发达国家比重高于发展中国家,发达国家加工用粮占谷物类粮食消费比重平均达到 10% 以上,美国更是高达43.20%,发展中国家平均还不足 3%,埃及仅 0.88%。另外,粮食损耗方面的差距也较为显著,表中所列 10 个发展中国家粮食损耗比重均值达 7.20%,且有 4 国的比重在10%以上,而表5.4中所列10个发达国家的相应均值仅为2.60%,美国、意大利的比重还不到0.4%。

表5.4　2009年部分国家谷物类粮食消费用途情况　　　　（%）

国　　家	口粮	饲用	加工用	种用	损耗	其他
澳大利亚	14.92	61.45	2.60	6.53	9.71	4.80
加拿大	14.17	69.29	6.55	4.20	1.42	4.36
法　国	18.64	58.45	12.41	2.82	1.58	6.09
德　国	22.50	63.11	7.03	2.55	3.88	0.95
意大利	37.07	54.47	3.58	3.04	0.36	1.48
日　本	42.55	47.27	8.75	0.17	1.21	0.05
新西兰	31.51	51.55	9.49	1.37	2.18	3.90
韩　国	41.53	44.87	9.35	0.21	3.73	0.31
英　国	33.15	47.71	12.58	2.25	1.59	2.72
美　国	9.99	43.08	43.20	0.90	0.29	2.54
上述10国均值	26.60	54.12	11.55	2.40	2.60	2.72
阿根廷	42.01	28.97	7.05	6.73	6.11	9.11
巴　西	32.63	53.30	3.03	1.02	10.02	0.00
中　国	51.16	31.88	1.77	2.61	4.70	7.88
埃　及	62.06	27.57	0.88	0.98	7.45	1.06
印　度	88.41	3.69	0.23	3.14	4.01	0.53
印度尼西亚	67.45	9.55	0.06	0.95	6.98	15.00
墨西哥	40.18	40.49	5.18	1.14	10.03	2.98
俄罗斯	28.90	50.04	5.55	13.59	1.82	0.10
泰　国	56.70	9.02	4.41	2.48	10.74	16.65
越　南	54.44	16.76	2.24	3.04	10.19	13.34
上述10国均值	52.39	27.13	3.04	3.57	7.20	6.66
世界水平	44.81	34.23	9.11	3.00	4.37	4.48

资料来源:根据FAOSTAT中Food Balance Sheets数据库所公布数据整理得出。

表5.5　世界谷物粮食需求展望

（百万吨）

收获年度	2013—2014	2014—2015	2015—2016	2016—2017	2017—2018	2018—2019	2019—2020	2020—2021	2021—2022	2022—2023
小麦										
消费量	692.2	700.8	712.0	723.8	733.1	742.9	753.6	763.4	773.2	782.4
饲用	140.8	143.5	145.4	149.9	151.7	154.0	156.0	157.8	160.1	162.0
食用	471.2	475.7	483.4	489.4	495.4	502.0	509.4	516.3	523.2	530.1
生物燃料用	6.7	6.9	7.2	7.5	7.8	8.1	8.8	9.5	9.7	10.1
其他使用	73.6	74.7	76.0	77.0	78.1	78.8	79.4	79.8	80.1	80.2
粗粮										
消费量	1 203.9	1 231.7	1 247.3	1 267.6	1 289.6	1 314.1	1 338.0	1 361.1	1 384.0	1 408.2
饲用	644.6	660.2	668.1	679.4	693.1	708.7	721.6	735.2	750.7	767.1
食用	226.2	230.3	234.8	239.2	244.6	250.4	256.4	262.6	268.6	274.9
生物燃料用	156.7	163.0	163.7	166.1	166.3	167.2	170.2	171.8	172.1	172.6
其他使用	136.7	138.3	139.9	141.4	143.4	145.3	146.6	147.8	148.5	149.2
大米										
消费量	486.7	496.1	505.7	510.4	517.2	524.4	531.8	538.7	545.2	551.3
饲用	17.4	18.3	18.9	19.6	20.3	20.9	21.5	22.1	22.7	23.3
食用	410.3	416.7	424.0	428.7	434.2	440.3	446.8	452.8	458.2	463.0

资料来源：根据《经合组织—粮农组织2013—2022年农业展望》(2013)整理得出。

伴随着世界人口的不断增长、人们收入水平的进一步提高和膳食结构的逐步改善、各国城市化进程的显著加快以及全球以粮食(特别是玉米)为原料的生物燃料产业的快速发展,未来世界粮食需求将呈刚性增长。据 OECD 与 FAO 联合预测,东欧将成为人均消费水平扩张最快的地区,其次是亚洲及拉丁美洲;生物燃料产业发展所产生的对粮食原料的需求将是发达国家粗粮需求增长的主力,而畜牧业发展所导致的饲用粮食需求增加将是拉动发展中国家粮食需求扩张的主要力量。世界谷物粮食需求增长的具体预测数据如表 5.5 所示。结合表 5.2 可知,除大米存在一定供需缺口外,世界谷物类粮食供需将维持基本均衡状态。

5.1.3 世界粮食贸易基本情况

粮食贸易作为农产品贸易的重要构成部分,对一国粮食供需均衡及粮食安全起着重要调节与保障作用。二战以来,世界粮食贸易得到迅速发展,粮食贸易规模不断扩大。在国际贸易规则追求贸易透明性与公平性时,世界粮食供求形势的变化却使得各国粮食贸易政策的保护主义色彩越来越鲜明,粮食贸易也变得更为复杂。同时,以生物技术为核心的农业科学技术体系不断取得重大突破,新的农业科技成果不断转换成了新的农业生产力,以自然资源禀赋为基础的传统粮食贸易格局逐步被打破。

谷物类粮食国际贸易的发展可追溯 14 世纪。进入 14 世纪以后,欧洲的粮食贸易已具相当规模;在 15、16 世纪,荷兰的阿姆斯特丹成为国际粮食贸易中心;从16—18 世纪,世界谷物的贸易格局是美洲新大陆为出口一方,欧洲、西印度群岛为进口一方(温思美、庄丽娟,2003)。二战前,西欧是世界粮食主要输入地区,美国则成为世界粮食最大的供应者。二战后的世界粮食贸易规模日益增大,粮食贸易的品种结构、地区结构逐步得以调整。

1. 世界粮食贸易的规模

二战后,随着世界经济的加速发展,农业生产的国际分工逐步扩大,各国的农业贸易政策也不断进行着调整,为粮食贸易的快速发展创造了有利的内外在条件。1961 年,世界谷物类粮食进口量仅为 7 947 万吨,1981 年已增至 2.34 亿吨,比 20 年前增长 194.72％,年均增长率将近 10％。进入 20 世纪 80 年代中期,随着乌拉圭回合多边贸易谈判的进行,逐步形成了涵盖削减和取消可能导致农业生产和贸易扭曲的农业支持政策等内容的《农业协议》,如配额、出口补贴等措施的使用受到了国际贸易规则的约束,既影响了粮食的市场供求状况,也束缚了世界粮食贸易的快速发展。1985—1986 年及 1993—1994 年,世界粮食贸易都出现连续下滑,进入 21 世纪前基本处于缓慢上涨态势,2001 年世界粮食出口量为 2.68 亿吨,仅比 1981 年上涨 0.34 亿吨(如图 5.7 所示)。

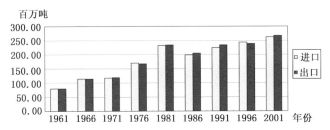

资料来源:根据 FAOSTAT 中 trade 数据库相关数据整理得出。

图5.7　21 世纪前世界谷物类粮食的贸易规模

进入 21 世纪以来,世界粮食贸易呈现平稳上升态势。如图 5.8 所示,近十年来,世界粮食贸易波动并不显著,2012—2013 年度由于自然灾害导致粮食减产严重,世界粮食贸易有所下滑,其余年度基本呈上涨之势。2012—2013 年度世界粮食出口量达 3.05 亿吨,比 2002—2003 年度增长 28.37％,年均增长近 3％,2006—2009 年间均达 4％以上的年增长率。

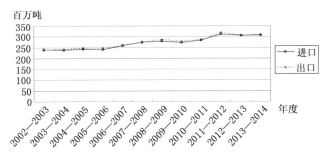

资料来源:根据 FAO 的 AMIS statistics 数据库资料整理得出。

图5.8　21 世纪后世界谷物类粮食的贸易规模

2. 世界粮食贸易的品种结构

在世界粮食贸易中,小麦一直是贸易量最大的粮食品种,其次是玉米、大豆和大米(如表5.6所示)。1961年世界小麦出口量为3 953万吨,占据世界粮食贸易近一半的市场规模;随着世界粮食贸易的发展,2001年小麦世界出口量达1.13亿吨,尽管其占世界粮食贸易总量的比重有所下降,但仍占到了三分之一以上的规模。玉米是世界粮食贸易的第二大类品种,1961年以1 400万吨的出口量占到了世界粮食贸易的16.74%;伴随着世界生物燃料需求的增长,玉米世界贸易量迅速扩张,2001年已达到8 382万吨的出口量,占据了世界粮食贸易1/4的市场规模。大豆不仅是第三大类世界粮食贸易品种,还是增长速度最快的粮食贸易品种,1961年,世界大豆出口量仅417万吨,到2001年则已达5 696万吨,其出口量占世界粮食出口量的比重也由1961年的不足5%上升为2001年的将近18%。大米出口占世界粮食出口的比重有所上升,但增速缓慢,2001年世界大米出口量为2 669万吨,占世界粮食贸易的8.21%,仅比1961年提升0.67个百分点。

表5.6　21世纪前主要粮食品种世界出口比重　　　　　　　　(%)

年　份	玉米	大米	小麦	大豆
1961	16.74	7.54	47.26	4.99
1966	21.24	6.67	46.43	6.16
1971	23.67	6.62	39.82	9.43
1976	33.26	4.75	33.42	10.54
1981	30.23	5.03	36.68	10.07
1986	24.82	5.73	37.72	11.91
1991	25.31	5.03	41.46	10.40
1996	26.15	7.19	36.01	12.73
2001	25.80	8.21	35.01	17.53

资料来源:根据FAOSTAT中trade数据库相关数据整理得出。

近十年来的世界粮食贸易品种结构延续了之前的主要发展趋势(如图 5.9 所示)。小麦贸易规模仍然最大,出口量呈现与产量较为一致的波动状况,2012—2013 年度,世界小麦出口量达 1.39 亿吨,仍占世界粮食贸易三分之一的规模。随着世界生物燃料发展放缓,玉米贸易增长速度有所回落,经过多次波动,2012—2013 年度世界玉米出口量仅比 2002—2003 年度增长 1 974 万吨。大豆贸易持续快速增长,2012—2013 年度世界大豆出口量达 9 765 万吨,逼近世界玉米出口量。大米贸易仍呈缓慢增长之势,2012—2013 年度世界出口大米 3 854 万吨,比 2002—2003 年度仅增长 1 036 万吨。

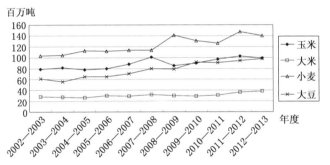

资料来源:根据 FAO 的 AMIS statistics 数据库资料整理得出。

图 5.9 近十年主要粮食品种世界出口规模

3. 世界粮食贸易的地区结构

一个国家或地区年内的粮食净出口或净进口规模变化能反映出世界粮食贸易的地区结构变化及该国或地区对世界粮食安全的贡献度。由图 5.10 可知,在谷

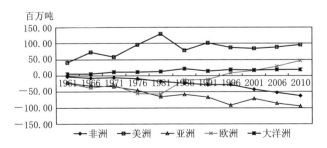

资料来源:根据 FAOSTAT 中 trade 数据库相关数据整理得出。

图 5.10 世界谷物类粮食分地区净出口变化情况

物类粮食贸易方面,美洲是自1961年以来年净出口规模最大的地区,2010年达到9 565万吨的谷物粮食净出口,比1961年增长了5 419万吨;大洋洲尽管净出口规模不大,但多年来都保持了较快的谷物粮食出口增长与较慢且规模甚小的谷物粮食进口增长,因此,大洋洲谷物粮食净出口也呈平稳增长趋势,2010年的净出口量1 998万吨,比1961年增长1 307万吨;欧洲已由原来的谷物类粮食净进口地区变为了谷物类粮食净出口地区,在1981年达到5 661万吨的净进口后,净进口规模不断缩小,到2010年已变为4 670万吨的净出口;亚洲则是世界谷物类粮食净进口规模最大的地区,50多年以来,亚洲的谷物类粮食净进口规模持续增加,2010年已达9 410万吨,比1961年扩大了7 270万吨;非洲谷物类粮食也一直处于净进口地位,且净进口规模直线上升,1961年仅253万吨,2010年已达到6 275万吨。

图5.11显示了主要粮食品种的进口地区分布情况。由于大洋洲仅有少量小麦和大米进口,大豆和玉米进口量极微,图中仅以亚洲、欧洲、美洲和非洲的进口数据了进行分析。由其中的A图可知,1986年以前,欧洲是最大的玉米进口地区,其次是亚洲、美洲和非洲;随着亚洲和美洲玉米需求的大量增加,两大地区玉米进口量直线上升,先后超过欧洲玉米进口量;2010年世界玉米进口地区排序为亚洲(5 202.07万吨)、美洲(2 331.85万吨)、欧洲(1 801.73万吨)和非洲(1 386.77万吨)。由B图可知,亚洲一直是大米的最大进口地区,欧洲、非洲和美洲大米进

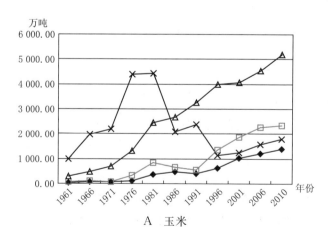

A 玉米

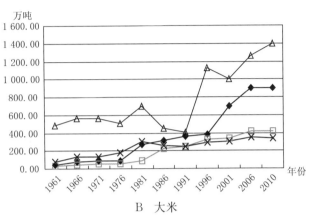

B　大米

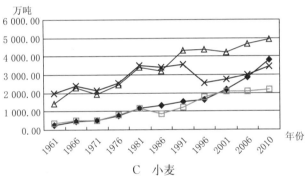

C　小麦

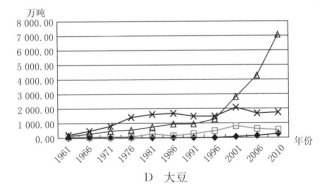

D　大豆

资料来源:根据 FAOSTAT 中 trade 数据库相关数据整理得出。图例同图 5.10。

图 5.11　主要粮食品种世界进口地区分布

口量在 1991 年以前差距较小,但随着发展中国家人口的增长,不同地区对主要用作口粮的大米的需求呈不同程度增长,近年来,非洲成了第二大大米进口地区;2010 年世界大米进口地区排序为亚洲(1 401.08 万吨)、非洲(901.90 万吨)、美洲(419.29 万吨)和欧洲(340.79 万吨)。由 C 图可知,除非洲小麦进口持续增长外,欧、亚、美洲小麦进口波动较明显,2010 年世界小麦进口地区排序为亚洲(4 923.67 万吨)、非洲(3 820.44 万吨)、欧洲(3 453.96 万吨)和美洲(2 174.70 万吨)。由 D 图可知,亚洲还是目前最大的大豆进口地区,其次是欧洲、美洲和非洲,2010 年的进口量分别为 7 049.07 万吨、1 706.70 万吨、565.44 万吨和 244.65 万吨。毋庸置疑,亚洲是最主要的粮食进口地区。

图 5.12 则显示了主要粮食品种的出口地区分布情况。大洋洲小麦出口规模较大,但大米、玉米及大豆出口量尚小,故图 5.12 中仅 C 图涉及大洋洲相关数据。由其中的 A 图可知,美洲一直是最大的玉米出口地区,出口规模优势极为明显;2010 年世界玉米出口地区排序为美洲(8 188.62 万吨)、欧洲(2 079.76 万吨)、亚洲(357.99 万吨)和非洲(158.75 万吨)。由 B 图可知,亚洲长期以来都是最大的大米出口地区,其出口规模远超其他洲,结合上文可知,大米进出口贸易主要集中在亚洲;2010 年世界大米出口地区排序为亚洲(2 382.62 万吨)、美洲(576.93 万吨)、欧洲(206.46 万吨)和非洲(105.06 万吨)。由 C 图可知,美洲是最主要的小麦出口地区,近十年来多数年份维持 5 000 万吨以上的出口量;近年来欧洲小麦出口增长迅猛,已于 2008 年超过美洲,成为第一大小麦出口地区;大洋洲是世界第三大小麦出口地区,出口量平稳上升;非洲小麦出口极为有限;2010 年世界小麦出口地区排序为欧洲(6 774.61 万吨)、美洲(5 378.19 万吨)、大洋洲(1 589.54 万吨)和亚洲(764.22 万吨)。由 D 图可知,美洲是具有垄断地位的大豆出口地区,2010 年该共出口大豆 9 057.08 万吨,占到世界大豆出口总量的 97%。显而易见,美洲是最主要的世界粮食出口地区。

另外,从贸易国别来看,中国、日本、埃及、韩国、墨西哥等国粮食进口规模大。虽然中国粮食产量高,但粮食消费量也很大,中国在粮食总量和结构上都需要有大量粮食进口来满足,特别是大豆的进口;日本除了大米外,其他粮食品种都需要

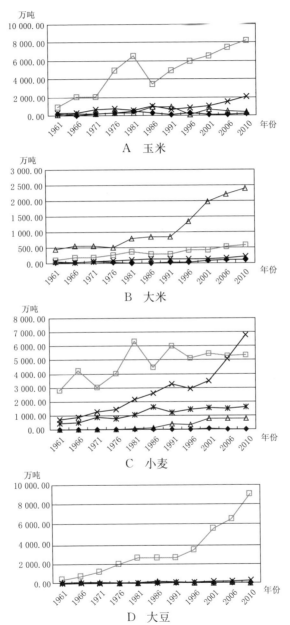

A　玉米

B　大米

C　小麦

D　大豆

资料来源:根据 FAOSTAT 中 trade 数据库相关数据整理得出。图例同图 5.10。

图 5.12　主要粮食品种世界出口地区分布

通过进口来弥补。出口方面,美国是典型的粮食出口大国,除大米出口规模稍弱外,美国的玉米、小麦、大豆出口均居世界第一位;巴西及阿根廷的大豆和小麦,东盟国家的大米,法国、加拿大及澳大利亚的小麦在国际市场上都具有很强的竞争力(如表 5.7 所示)。

表 5.7　2010 年主要粮食品种世界贸易前五位国家及其贸易量　　（百万吨）

	玉　米		大　米		小　麦		大　豆	
进口								
1	日　本	16.19	菲律宾	2.38	埃　及	10.59	中　国	57.01
2	韩　国	8.54	尼日利亚	1.89	意大利	7.48	墨西哥	3.77
3	墨西哥	7.85	沙特阿拉伯	1.28	巴　西	6.32	荷　兰	3.55
4	中　国	6.21	伊　朗	1.13	日　本	5.48	日　本	3.46
5	埃　及	6.17	伊拉克	1.12	荷　兰	5.26	德　国	3.38
出口								
1	美　国	50.91	泰　国	8.94	美　国	27.63	美　国	42.35
2	阿根廷	17.55	越　南	6.89	法　国	21.08	巴　西	25.86
3	巴　西	10.82	巴基斯坦	4.18	加拿大	18.39	阿根廷	13.62
4	法　国	6.61	美　国	3.78	澳大利亚	15.89	巴拉圭	3.92
5	匈牙利	3.91	印　度	2.23	俄罗斯	11.85	加拿大	2.78

资料来源:根据 FAOSTAT 中 trade 数据库相关数据资料整理得出。

综上所述,世界粮食贸易在第二次世界大战后发展迅速,贸易规模不断扩大并已呈较平稳增长态势,贸易品种结构不平衡状况有所改善,各品种所占比重差距呈缩小趋势,贸易地区结构也随着土地优势、技术优势、劳动力优势等不断调整。据 OECD 与 FAO 联合预测,世界小麦、粗粮及大米出口将进一步增长,具体预测结果如表 5.8 所示。

表 5.8　世界谷物类粮食出口展望　　　　　　（百万吨）

预测年度	小　麦	粗　粮	大　米
2013—2014	135.0	130.0	36.5
2014—2015	137.6	134.0	39.4
2015—2016	140.7	136.4	40.7
2016—2017	141.4	140.0	41.2
2017—2018	143.2	142.6	42.1
2018—2019	143.7	146.8	42.7
2019—2020	145.8	150.2	43.3
2020—2021	147.3	153.7	43.8
2021—2022	149.1	156.4	44.4
2022—2023	150.4	160.1	45.0

资料来源:根据《经合组织—粮农组织 2013—2022 年农业展望》(2013)整理得出。

5.2　世界粮食市场变动与中国粮食进口的关系

国际贸易的产生是由供给和需求两股力量共同决定的,世界粮食供给和需求的变动必然会影响到世界粮食贸易,进而影响中国的粮食进口。在以上世界粮食供求与贸易基本情况及趋势分析的基础上,本节通过对近些年来的数据资料进行分析,进一步考察中国粮食进口的变动与世界出口量之间变动的一致性关系,以便有效把握世界粮食市场变动与中国粮食进口的关系,为充分利用世界粮食市场调节中国粮食供求总量与结构均衡提供依据。

5.2.1　世界粮食出口与中国粮食进口规模变动的关系

从规模上来看,中国谷物类粮食进口额的增长幅度与世界谷物类粮食出口额的增长幅度保持了较为一致的发展趋势(如图 5.13 所示)。在世界谷物粮食出口由 1980 年的 406.32 亿美元增长到 2011 年的 1 200.51 亿美元的同期,中国谷物粮食进口也由 1980 年的 37.26 亿美元增长到了 2011 年的 46.11 亿美元。在 2000年前后的几年中,世界谷物粮食出口十分稳定,维持小幅上涨态势,但在其他年份则不太稳定,波动频繁。中国谷物粮食进口也基本呈现与世界谷物粮食出口一致同向的发展趋势,但波动的幅度要显著大于世界谷物粮食出口波动的幅度。

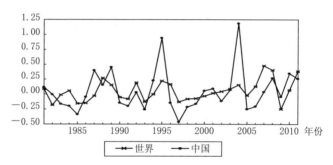

资料来源:根据 FAOSTAT 中 trade 数据库相关数据整理得出。

图 5.13　世界谷物出口额增幅与中国谷物进口额增幅

5.2.2　世界粮食出口与中国粮食进口结构变动的关系

从主要粮食品种构成来看,中国粮食进口结构与世界粮食出口结构基本一致,但中国粮食进口结构的变动较世界粮食出口结构的变动更显著。表 5.9 显示了 1981—2011 年间主要粮食品种世界出口额占世界谷物粮食出口总额的比重及各品种世界出口额的年增长情况,以及中国主要粮食品种进口额占中国谷物粮食进口总额的比重及各品种进口额的年增长情况,由于谷物粮食不包括大豆,且FAOSTAT 中没有包含大豆的粮食总量统计,故表 5.9 中仅列出世界大豆出口额及中国大豆进口额的年增长率。

结合表 5.9 中数据,可以从三方面分析中国粮食进口与世界粮食出口结构的关系。首先,小麦和玉米既是世界谷物粮食出口的主要品种,也是中国粮食进口

表 5.9　1981—2011 年间世界、中国粮食结构变动 　　　　　（％）

主要粮食产品世界出口额比重及增长率情况							
小麦(1001)		玉米(1005)		大米(1006)		大豆(1201)	
比重	增长率	比重	增长率	比重	增长率	增长率	
1981	40.67	6.89	27.36	0.62	13.21	16.49	4.03
1986	43.76	−14.77	25.01	−23.18	12.20	−0.18	−3.07
1991	42.06	−11.78	26.11	−10.70	13.34	8.12	3.12
1996	40.17	17.93	25.81	17.35	15.52	2.96	34.52
2001	40.64	3.23	24.66	1.02	19.47	7.68	12.96
2006	39.52	16.59	25.53	18.28	20.29	9.67	2.18
2011	39.02	43.78	28.09	48.31	19.31	17.38	13.44

主要粮食产品中国进口额比重及增长率情况							
小麦(1001)		玉米(1005)		大米(1006)		大豆(1201)	
比重	增长率	比重	增长率	比重	增长率	增长率	
1981	71.74	14.32	15.88	−13.21	6.65	34.53	20.57
1986	55.13	−8.14	24.84	−6.99	9.56	7.11	13.89
1991	58.13	−30.79	26.69	−2.12	7.35	22.48	−3.12
1996	49.58	−5.51	28.79	−30.23	11.05	−21.04	57.56
2001	18.33	−6.57	38.96	20.41	13.75	−12.47	22.08
2006	15.55	−67.79	36.45	6.63	23.15	32.23	−4.26
2011	21.77	53.49	42.79	23.20	17.48	19.56	18.07

　　资料来源：根据 FAOSTAT 中 trade 数据库相关数据资料整理得出。

的主要品种。在 1981—2010 年的 32 年时间里，小麦和玉米的世界出口额占到了世界谷物粮食出口额的 65％ 以上，而大米则基本维持在 20％ 以下的水平；在中国谷物粮食的进口中，小麦和玉米的进口额占中国谷物进口总额的均值达到了73％。其次，在世界粮食出口构成和中国粮食进口构成中，小麦比重均趋于下降，玉米和大米比重均趋于上升，但各比重在中国粮食进口构成中的变化幅度更显著。如在世界粮食出口构成中，小麦所占仅由 1981 年的 40.67％ 下降为 39.02％，但在中国粮食进口构成中则由 1981 年的 71.74% 下降为 21.77%。再次,主要粮食品种的世界出口额与中国进口额波动趋势基本一致,但中国进口波动幅度明显更大。如世界大豆出口额年增长率由 2001 年的 12.96% 下降为 2006 年的 2.18%,后又升至 2011 年的 13.44% 时,中国大豆进口额的年增长率则由 22.08% 先降为了 −4.26%,后又升至了 18.07%。Eviews 统计显示,中国大豆进口与世界大豆出口间的相关系数高达 0.85,图 5.14 更直观地显示了两者之间的联动性。

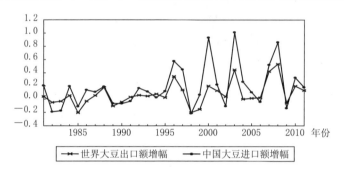

资料来源:根据 FAOSTAT 中 trade 数据库相关数据整理得出。

图 5.14　世界大豆出口额增幅与中国大豆进口额增幅

5.3　主要粮食贸易国与中国粮食进口的关系

通过对比中国粮食进口在主要粮食出口国市场不同的进口强度以及中国与主要粮食出口国之间粮食贸易的互补性,可以发现中国粮食进口与这些主要粮食出口市场的匹配适应性。

5.3.1　中国粮食进口对主要粮食出口国市场的进口强度

1. 中国粮食主要进口来源及所占进口比重

进口比重可以从总体上反映进口国对进口来源市场的依赖程度,对一国进口比重的增长意味着对该国进口依赖程度的加大。由表5.10可知,2002—2012年间,中国粮食进口的主要来源市场及其所占的进口比重发生了较大的变化。以中国从各国进口的谷物类粮食及大豆总金额来看,2002年中国粮食进口主要来自阿根廷、巴西和美国,三者占据中国主要粮食进口市场的84.57%,2012年从这三个国家的主要粮食进口比重进一步上升为88.75%,但自阿根廷的进口比重大幅减少,自美国和巴西的进口比重不断增加。若仅从谷物类粮食来看,变化则更为显著。2002年中国主要从澳大利亚、加拿大和泰国进口谷物类粮食,但2012年自这三国的谷物粮食进口比重均大幅下滑,而从美国和越南的谷物粮食进口比重则大幅提升,特别是美国所占比重,2002年尚不足6%,2012年则已达近40%。整体而言,中国粮食进口来源呈多元化趋势,但中国对美国粮食市场依赖程度的加强不容忽视。

表5.10　中国粮食主要进口来源市场情况　　　　(%)

国　别	粮　食		谷物类粮食	
	2002	2012	2002	2012
阿根廷	20.59	9.38	0.01	0.85
澳大利亚	8.13	3.37	50.03	28.16
巴　西	30.54	35.89	0	0
加拿大	3.54	1.68	21.01	5.60
泰　国	2.66	0.41	16.40	3.39
美　国	33.44	43.48	5.86	39.82
越　南	0.01	1.72	0.07	14.36
比重合计	98.92	95.92	93.39	92.18

资料来源:根据联合国COMTRADE数据库相关数据资料整理得出。

2. 中国粮食进口对主要粮食出口国市场的进口强度

贸易强度指数主要被用来衡量一国在某一出口市场上的竞争力是否达到其在整个世界市场上的平均水平,以反映同世界市场相比出口国与某一目标市场联系的密切程度,或者说市场的开发程度,也能用来反映一国的出口竞争力水平。

同样,我们也可以用这一指标来反映一国进口对进口来源市场的进口强度或说依赖程度。用公式表示如下:

$$IT_{ij} = (M_{ij}/M_{iw})/(X_{jw}/X_{ww}) \qquad (5.1)$$

其中,IT 代表贸易强度,M 代表进口,X 代表出口,i 代表进口国,j 代表出口国;M_{ij} 表示 i 国从 j 国的进口额,M_{iw} 表示 i 国从世界的进口额,X_{jw} 表示 j 国对世界的出口额,X_{ww} 表示世界出口总额。IT_{ij} 大于 1,意味着进口国对进口来源市场的进口大于依据该国在世界贸易中的份额所预期的进口,即说明进口国对进口来源市场的进口强度高于世界平均水平。

通过对 2012 年中国从主要粮食出口国进口粮食的贸易强度指标进行计算,得出了中国同各主要粮食出口国间的粮食进口强度(如表 5.11 所示)。在中国粮食进口主要来源国中,有阿根廷、巴西和美国共 3 个国家的粮食进口强度大于 1,表明中国从这 3 个国家的粮食进口大于依据中国在世界贸易中的份额所预期的进口水平,即中国对这 3 个国家的粮食进口强度高于世界平均水平,这与前一节的结论是一致的。同时,中国从俄罗斯和泰国的粮食进口强度分别仅为 0.02 和 0.14,表明中国从这 2 个主要粮食出口国的粮食进口远低于依据其在世界贸易中的份额所预期的进口水平,即意味着中国自与其具有地缘优势的产粮大国的粮食进口并未达到中国在世界市场进口粮食的平均水平。可见,中国粮食进口来源市场集中,且对少数国家进口强度偏高,但中国对周边国家的粮食进口强度偏小,拓宽粮食进口来源渠道的潜力较大。

表 5.11　中国对主要粮食出口国的粮食进口强度

国　别	贸易强度(IT)	国　别	贸易强度(IT)
阿根廷	1.23	俄罗斯	0.02
澳大利亚	0.65	日　本	0.03
巴　西	2.51	泰　国	0.14
加拿大	0.29	美　国	1.59

资料来源:根据联合国 COMTRADE 数据库相关数据资料整理得出。

5.3.2　中国粮食进口与主要粮食出口国市场的贸易互补度

贸易互补性指数主要用以反映一国对某一进口产品的比较劣势和出口国出口该产品的比较优势,据此便可以进一步了解进口国与其进口来源国的互补性是否高于同其他市场的平均互补水平,以及进口国进口产品结构与主要进口来源国出口产品结构的相关程度。用公式表示如下:

$$C_{ij}^k = RCA_{mi}^k \times RCA_{xj}^k \tag{5.2}$$

$$C_{ij} = \sum_k C_{ij} \times (X_w^k / X_w) \tag{5.3}$$

其中,

$$RCA_{mi}^k = (M_i^k / M_i) / (X_w^k / X_w) \tag{5.4}$$

$$RCA_{xj}^k = (X_j^k / X_j) / (X_w^k / X_w) \tag{5.5}$$

上述公式中,C 代表贸易互补度,M 代表进口,X 代表出口,i 代表进口国,j 代表出口国,k 代表第 k 种产品;M_i^k 表示 i 国 k 产品的进口额,M_i 表示 i 国总进口额,X_j^k 表示 j 国 k 产品的出口额,X_j 表示 j 国出口总额,X_w^k 表示 k 产品的世界出口额,X_w 表示世界出口总额;RCA_{mi}^k 表示进口国(i 国)k 产品的比较劣势,RCA_{xj}^k 表示出口国(j 国)k 产品的比较优势;C_{ij}^k 表示 i 国对 j 国 k 产品的贸易互补性指数,C_{ij} 表示 i 国对 j 国的综合贸易互补性指数。$C_{ij}(C_{ij}^k) > 1$,意味着两国(k 产品)的贸易互补性强;$C_{ij}(C_{ij}^k) \leqslant 1$,意味着两国($k$ 产品)的贸易互补性弱。

同样选择 2012 年为时间点,通过对中国与主要粮食进口来源国的粮食贸易互补性指标进行计算,得出了中国同这些国家间的粮食贸易互补程度(如表 5.12 所示)。在中国粮食进口主要来源国中,除日本外,其他各国与中国的粮食贸易互补性指数均超过了 1,表明在粮食出口市场占有较高份额的国家中,绝大多数粮食出口国与中国粮食市场存在较强互补性。其中,阿根廷和巴西与中国粮食贸易互补度最高,分别达到 29.17 和 19.21,说明这两个国家的粮食产品所具有的比较优势在中国市场得到了充分发挥;澳大利亚和美国与中国粮食贸易的互补度虽不及阿根廷和巴西,但也达到了 6.24 和 5.45,意味着其粮食产品的比较优势在中国市场亦得到了较好发挥;即使是贸易强度较小的俄罗斯、泰国和加拿大,与中国粮食贸易的互补性指数也都在 2 以上。不难看出,尽管与主要粮食出口国相比,中国粮食产品的比较劣势明显,但中国与主要粮食出口国之间具有较高的粮食贸易互补适应性,能在一定程度上保障中国粮食进口有较稳定的来源。

表 5.12 中国同主要粮食出口国间的粮食贸易互补度

国　别	粮食贸易互补指数	国　别	粮食贸易互补指数
阿根廷	29.17	俄罗斯	2.22
澳大利亚	6.24	日　本	0.01
巴　西	18.21	泰　国	3.83
加拿大	3.97	美　国	5.45

资料来源:根据联合国 COMTRADE 数据库相关数据资料整理得出。

5.4　本章小结

本章在总结世界粮食供给、需求和贸易的特征与趋势的基础上,对世界粮食市场变动与中国粮食进口的相关性进行了检验,主要结论有:一是世界粮食生产与需求均趋于增长,供需基本能维持均衡;二是世界粮食贸易稳步增长,品种结构趋于均衡,但地区差异显著;三是中国粮食进口规模和结构的变动与世界粮食出口规模和结构的变动具有较明显的一致性,但中国粮食进口对世界主要粮食出口国依赖程度高,且相互间的粮食贸易互补性较强。

第 6 章

中国粮食进口规模与结构变动影响因素的
实证分析——基于 CMS 模型

由前面的分析可知,中国粮食进口不仅一定程度上会受到国内粮食生产和需求变动的影响,而且其进口总量和结构的变动与世界粮食出口总量和结构的变动间存在一定的相关性。但这种影响程度和相关程度有多大,还需要做进一步的实证检验。本章在前面分析的基础上,依据"规模—结构—供求"的分析框架,运用恒定市场份额模型(Constant Market Share Model,简称 CMS 模型)就国内外粮食供求变动对中国粮食进口规模及结构的影响进行实证检验。CMS 模型能够全面而深入地将导致贸易规模与结构变动的各类因素进行分解,并可分别在市场恒定、产品恒定的条件下,将市场结构因素和产品结构因素从众多复杂的影响因素中分解出来进行分析。在基于不同时期与不同国家或地区分析的基础上,CMS 模型还能对影响进口规模及结构变动的不同因素进行对比分析。因此,通过 CMS 模型分析,可以更透彻地了解中国粮食进口总规模、进口品种结构、进口市场结构变动的影响因素及其影响程度。

6.1 模型理论基础与研究综述

6.1.1 模型的理论基础

恒定市场份额模型是用来反映一国贸易变动影响因素的作用程度的模型。

该模型有一个基本假设,即如果竞争力保持不变,随着时间的变化,一国在世界市场中的贸易份额也应保持不变。基于此,它把一国或地区的贸易变动解释为由需求效应(市场规模效应)、结构效应(商品结构效应、市场结构效应)和竞争力效应三因素共同作用的结果。通过分析比较三个效应在一国或地区商品贸易增长额中所占的份额,即各因素在该国或地区商品贸易增长中的贡献份额,便可揭示该国或地区商品贸易增长的源泉及制约贸易增长的因素之所在。

需求效应是指世界贸易的一般增长对一国或地区贸易的影响,实际上是反映了整个世界市场的景气状况给一国或地区贸易带来的影响。具体到进口贸易,需求效应可以理解为:假定某进口国在整个世界贸易量中维持原有市场份额,世界贸易规模的增长对该进口国进口规模增长的带动作用。

结构效应表明,在所选择的分析时期内一国或地区在某个市场或某类商品的贸易规模的相对变化而引起的该国或地区贸易数量的变化。结构效应主要来自两个方面:一是商品结构效应,表现为一国或地区贸易的增长主要集中在需求增长较为显著产品上;二是市场结构效应,表现为一国或地区贸易的增长主要集中在需求增长较快的国家或地区。

竞争力效应是指贸易产品竞争力的变化所带来的一国或地区贸易量的变化。由于 CMS 模型的假设剔除了竞争力效应,那么以 CMS 模型推算出的贸易增长与实际贸易增长之间的差额便是竞争力效应所做的贡献份额。竞争力效应可以理解为多重因素综合作用的结果,如劳动生产率的提高、产品质量的提升或价格的下降、营销技巧的运用以及汇率、贸易政策的优化等。

6.1.2　模型研究综述

CMS 模型最早由 Tyszynski(1951)提出,后来经过 Learner、Stern、Jepma 等人对原模型的多次修改和完善,逐渐成为解释对外贸易波动的重要模型之一,在国内外学术研究、企业贸易战略研究以及相关贸易政策研究等领域得到了较为广泛的应用。在国外研究中,CMS 模型主要用来进行出口竞争力方面的研究。Kevin

Z.Chen 和 Yufeng Duan(1999)运用 CMS 模型分析了加拿大农产品在亚洲市场上的竞争力情况,H.Bowen 和 J.Pelzman(1984)、R.A.Feldman(1994)分别运用 CMS 模型测算了美国、德国的出口竞争力,D.Simonis(2000)和 Zeal Kotan(2001)运用 CMS 模型分析了比利时和土耳其在欧盟市场的竞争力情况,F.Z.Ahmadi-Esfahani(2001)运用 CMS 模型对澳大利亚的东亚食品市场进行了分析,ADB(Asia Development Bank,2002)运用 CMS 模型对东南亚金融危机前的东亚发展中国家出口竞争力状况进行了研究。在国内研究中,更多国内学者运用 CMS 模型对中国出口贸易的波动进行了解释。帅传敏(2003)应用 CMS 模型分析了中国农产品国际竞争力的长期变化趋势,认为出口农产品结构不佳、商品结构单一是导致中国农产品国际竞争力下降的主要因素。赵一夫(2005)结合 CMS 模型分析了影响中国农产品出口规模变动的因素,认为世界农产品贸易总规模的增长促进了中国农产品出口规模的增长,但产品竞争力下降及结构不合理会阻碍未来中国农产品出口规模的增长。孙林(2004)运用 CMS 模型分析了中国对东盟农产品出口的波动情况,李海鹏和张俊飚(2007)、胡求光(2009)分别运用 CMS 模型对中国蔬菜、水产品的出口贸易波动进行了研究。近年来,也有一些国内学者将这一模型引入对进口贸易的分析中。钟钰、华树春、靖飞(2005)运用 CMS 模型从需求、商品构成和竞争力方面讨论了中国农产品进口贸易的波动,张佳、聂凤英(2008)应用 CMS 模型分析了中国从澳大利亚进口农产品的波动问题,周力、应瑞瑶、江艳(2008)以及何琬、孙晓蕾、李建平(2009)分别利用 CMS 模型分析了中国葡萄酒、原油的进口贸易波动问题。

综上所述,运用 CMS 模型进行的国内外研究已取得了丰富的研究成果,为相关国家贸易政策的制定提供了现实而有力的参考依据,也从现实层面彰显了这一模型的应用价值。然而,目前国内研究多将 CMS 模型应用于中国农产品整体性研究上,且多为出口波动研究,针对粮食进口贸易进行的专门研究还十分罕见。因此,本章以粮食进口波动为研究主题,运用 CMS 模型对其进行二级分解,以全面而具体地分析影响中国粮食进口规模和结构的各种因素。

6.2 变量选择与模型构建

6.2.1 变量选择

Tyszynski 首次提出的经典 CMS 模型主要涉及以下变量：

Q_i 表示一国在第一时期出口商品 i 的值

Q_i' 表示一国在第二时期出口商品 i 的值

Q_j 表示一国在第一时期对国家 j 的出口值

Q_j' 表示一国在第二时期对国家 j 的出口值

Q_{ij} 表示一国在第一时期对国家 j 出口商品 i 的值

Q_{ij}' 表示一国在第二时期对国家 j 出口商品 i 的值

Q 表示第一时期世界出口总值

Q' 表示第二时期世界出口总值

S 表示在两个时期内世界总出口增长的百分比

S_i 表示在两个时期内商品 i 的世界总出口增长的百分比

S_{ij} 表示在两个时期内对国家 j 在商品 i 上的世界总出口增长的百分比

早期的 CMS 模型从以下三个层次展开了对一国出口规模与结构变动影响因素的分析。

（1）假设出口商品在产品类别及出口流向上无差别，即仅有同一种产品出口到同一个市场。那么，一国若要维持其在这一市场中的份额，其在这一市场的出口必须以 SQ 的速度递增。因此，可得如下恒等式：

$$Q' - Q = SQ + (Q' - Q - SQ) \tag{6.1}$$

式（6.1）中，SQ 表示世界出口的一般增长，反映了一国出口在多大程度上是由世界出口的一般增长所带来的；$(Q' - Q - SQ)$ 表示未被解释的残差，即一国实际出口增长与该国在保持其市场份额所需增长之间的差别,可以将其抽象地理解为竞争力效应。上式表明,一国出口的增长由世界出口的一般增长和竞争力效应两个部分组成。

（2）现实中,出口商品是存在差别的,式（6.1）应改写为如下恒等式：

$$Q_i' - Q_i = S_i Q_i + (Q_i' - Q_i - S_i Q_i) \tag{6.2}$$

对式（6.2）加总,得：

$$\begin{aligned}
Q' - Q &= \sum S_i Q_i + \sum (Q_i' - Q_i - S_i Q_i) \\
&= SQ + \sum (S_i - S) Q_i + \sum (Q_i' - Q_i - S_i Q_i)
\end{aligned} \tag{6.3}$$

式（6.3）中,SQ 表示世界出口的一般增长；$\sum(Q_i' - Q_i - S_i Q_i)$ 表示未被解释的残差,即一国实际出口增长与该国在每一商品组上保持其市场份额所需增长之间的差别,亦将其理解为竞争力效应；$\sum(S_i - S)Q_i$ 则表示第一时期一国出口的商品构成效应,反映了一国出口集中于增长率高于世界平均增长水平的商品的程度。当商品 i 的世界出口增长率高于所有商品的世界平均率时,$(S_i - S) > 0$；如果一国出口集中在需求增长较快的商品上,则 $\sum(S_i - S)Q_i > 0$,反之, $\sum(S_i - S)Q_i < 0$。上式表明,一国出口的增长由世界出口的一般增长、一国一定时期内出口商品构成效应和竞争力效应三个部分组成。

（3）同样,现实中的出口市场也不尽相同。进一步考虑市场因素差异所带来的影响,式（6.2）应改写为如下恒等式：

$$Q_{ij}' - Q_{ij} = S_{ij} Q_{ij} + (Q_{ij}' - Q_{ij} - S_{ij} Q_{ij}) \tag{6.4}$$

对式（6.4）加总,得：

$$\begin{aligned}
Q' - Q &= \sum S_{ij} Q_{ij} + \sum_i \sum_j (Q_{ij}' - Q_{ij} - S_{ij} Q_{ij}) \\
&= SQ + \sum (S_i - S) Q_i + \sum_i \sum_j (S_{ij} - S_i) Q_{ij} \\
&\quad + \sum_i \sum_j (Q_{ij}' - Q_{ij} - S_{ij} Q_{ij})
\end{aligned} \tag{6.5}$$

式(6.5)中,SQ 表示世界出口的一般增长;$\sum\limits_i (S_i - S)Q_i$ 表示商品构成效应;$\sum\limits_i \sum\limits_j (Q'_{ij} - Q_{ij} - S_{ij}Q_{ij})$ 表示未被解释的残差,即一国实际出口增长与该国在每一商品组上对每一个市场保持其市场份额所需增长之间的差别,仍将其理解为竞争力效应;$\sum\limits_i \sum\limits_j (S_{ij} - S_i)Q_{ij}$ 则表示了该国第一时期商品 i 的出口市场构成效应,反映了一国 i 商品出口集中于需求增长较快的市场的程度。当对 j 市场商品 i 的出口增长率高于 i 商品的世界出口增长率时,$(S_{ij} - S_i) > 0$;如果一国出口集中在需求增长较快的市场上,则 $\sum\limits_i \sum\limits_j (S_{ij} - S_i)Q_{ij} > 0$,反之,$\sum\limits_i \sum\limits_j (S_{ij} - S_i)Q_{ij} < 0$。式(6.5)为 CMS 模型的基本公式,该式表明,一国出口的增长由世界出口的一般增长、一国一定时期内出口的商品构成效应、一国一定时期内出口的市场构成效应和竞争力效应四个部分组成。

6.2.2　模型构建

本书构建一个用于研究中国粮食进口变动的二阶分解的 CMS 模型。借鉴周力等(2008)所做的研究,将 CMS 模型中原有的竞争力效应调整为引力效应,反映我国粮食消费市场对其他国家的进口引力作用。CMS 模型的第一阶分解公式为:

$$\Delta q = \underbrace{\sum\limits_i \sum\limits_j S^0_{ij} \Delta Q_{ij}}_{\text{结构效应}} + \underbrace{\sum\limits_i \sum\limits_j Q^0_{ij} \Delta S_{ij}}_{\text{引力效应}} + \underbrace{\sum\limits_i \sum\limits_j \Delta S_{ij} \Delta Q_{ij}}_{\text{二阶效应}} \quad (6.6)$$

对式(6.6)进一步分解,得出 CMS 模型的二阶分解公式如下:

$$\Delta q = \underbrace{S^0 \Delta Q}_{\text{增长效应}} + \underbrace{\left(\sum\limits_i \sum\limits_j S^0_{ij} \Delta Q_{ij} - \sum\limits_i S^0_i \Delta Q_i\right)}_{\text{市场结构效应}} + \underbrace{\left(\sum\limits_i \sum\limits_j S^0_{ij} \Delta Q_{ij} - \sum\limits_j S^0_j \Delta Q_j\right)}_{\text{商品结构效应}}$$

$$+ \underbrace{\left[\left(\sum\limits_i S^0_i \Delta Q_i - S^0 \Delta Q\right) - \left(\sum\limits_i \sum\limits_j S^0_{ij} \Delta Q_{ij} - \sum\limits_j S^0_j \Delta Q_j\right)\right]}_{\text{结构交互效应}}$$

$$+ \underbrace{\Delta S Q^0}_{\text{综合引力效应}} + \underbrace{\left(\sum\limits_i \sum\limits_j Q^0_{ij} \Delta S_{ij} - \Delta S Q^0\right)}_{\text{具体引力效应}}$$

$$+(Q^1/Q^0-1)\sum_i\sum_j Q_{ij}^0\Delta S_{ij}+\Big[\sum_i\sum_j\Delta S_{ij}\Delta Q_{ij}-(Q^1/Q^0-1)\sum_i\sum_j Q_{ij}^0\Delta S_{ij}\Big]$$

纯二阶效应　　　　　　　　　　动态残差效应　　　　　　(6.7)

式(6.7)中，q 为中国粮食进口总额，S 为中国粮食进口占世界粮食进口的份额，S_i 为中国对 i 类粮食的进口总额占该类粮食世界进口总额的比重，S_j 为中国向 j 国的粮食进口总额占世界向该国进口粮食总额的比重，S_{ij} 为中国向 j 国的 i 类粮食进口总额占世界向该国的 i 类粮食进口总额的比重，Q 为世界粮食进口总额，Q_i 为世界对 i 类粮食的进口总额，Q_j 为世界向 j 国的粮食进口总额，Q_{ij} 为世界向 j 国的 i 类粮食进口总额。Δ 表示两个时期的变化量，上标 0 和 1 分别表示期初年份和期末年份的数据。

6.2.3　模型含义解释

CMS 模型的一阶分解式(6.6)中包含结构效应、引力效应和二阶效应三个部分。在二阶分解式(6.7)中，结构效应被进一步分解为世界贸易一般增长效应、市场结构效应、商品结构效应和结构交互效应，引力效应被分解为综合引力效应和具体引力效应，二阶效应则被分解为了纯二阶效应和动态残差效应。通过分析不同效应在产品进口变动中的比重，可揭示一国进口产增长的主要诱发因素。结合本书的研究对象，将本书 CMS 模型中分解效应的含义解释如表 6.1 所示。

表 6.1　CMS 模型分解效应的含义

分解因素	含　　　义
1. 结构效应	由于世界粮食整体进口需求的变化而引起的中国粮食进口额的变化
增长效应	由于世界粮食进口规模的扩大而导致的中国粮食进口的增长。正值表示世界粮食进口规模扩大拉动了中国粮食进口的增长，负值则相反
市场效应	由于进口市场结构的变化而带来的中国粮食进口额的变化。正值表示中国粮食进口主要集中在快速增长的粮食市场，负值则表示中国粮食进口主要集中在增长缓慢的粮食市场

分解因素	含　义
商品效应	由于进口商品结构的变化而带来的中国粮食进口额的变化。正值表示中国粮食进口主要集中在增长快速的粮食品种,负值则表示中国粮食进口主要集中在增长缓慢的粮食品种
交互效应	由于商品效应与市场效应的交互作用而引起的中国粮食进口额的变化
2. 引力效应	由于中国粮食进口引力的变化而引起的中国粮食进口额的变化
综合引力效应	由于中国对世界粮食整体出口市场的引力变化而带来的中国粮食进口额的变化。数值反映了中国粮食整体引力的大小
具体引力效应	由于中国对世界粮食具体出口市场与出口品种的引力变化而带来的中国粮食进口额的变化。数值反映了中国粮食具体引力的大小
3. 二阶效应	由于世界粮食进口需求变化与中国粮食进口引力变化的交互作用而引起的中国粮食进口额的变化
纯二阶效应	由于世界粮食进口规模变化与中国粮食进口引力变化的交互作用而引起的中国粮食进口额的变化。正值表示世界粮食进口规模的变化与中国粮食进口引力的变化趋同,负值则相反
动态残差效应	由于世界粮食进口结构变化与中国粮食进口引力变化的交互作用而引起的中国粮食进口额的变化。正值表示中国粮食进口在世界增长较快的市场上进口份额增长较快,负值则相反

6.2.4　数据说明

(1) 数据来源。本书模型中采用的数据来源于联合国统计署 COMTRADE 数据库。为了保证数据获得的统一性和可获得性,数据按照 HS2002 的商品分类方法筛选查得。

(2) 进口来源的选择。根据近年来中国粮食进口额情况,本书将贸易主体划分为美国、加拿大、澳大利亚、巴西、阿根廷、泰国、越南和其他国家与地区,共 8 个国家和地区。中国从前 7 个国家进口的粮食近十年来均占据 95% 以上的比重,因此,对这几个主要进口来源国的研究能反映出中国粮食进口市场状况。

（3）数据年限的选择。一方面,由于 CMS 模型的分析结果受期初贸易数据的影响较大,因此,选用数据的时间间隔不宜过长。另一方面,为了使研究结果具有可比性,需要选择不同的时间段的数据进行模型分析。本书以中国加入 WTO 后为研究起点,分三个阶段进行测算,即 2002—2005 年的入世过渡期、2005—2008 年的波动徘徊期和 2008—2012 年的快速增长期。

（4）对比国家的选择。本书从 2011 年全世界粮食出口额排名前 10 的国家中选择了日本、西班牙和埃及三个国家进行对比研究,这三个国家粮食进口量均较大,且处于不同的地理位置,社会经济发展状况也有所不同,通过这种横向对比分析能较好地从全球角度把握中国粮食进口在国际市场的状况。

6.3　模型结果分析

运用上述 CMS 模型,本节首先对中国粮食进口的总量增长分别从时间的纵向和与主要粮食进口国的横向进行对比分析,然后在划分产品和市场的情形下,分别对中国粮食进口规模在不同市场结构和不同产品结构条件下的影响因素进行测算,以深入了解中国粮食进口规模及结构变动的影响因素。

6.3.1　粮食进口总量的模型分析

1. 不同时间阶段的纵向对比

首先,根据表 6.2 所示的 CMS 模型一阶分解结果可以发现:在入世过渡期（2002—2005 年）,结构效应占 24.89%,而引力效果则占 55.92%,表明中国粮食进口增长呈较明显的引力强、结构弱的态势,即这一时期中国粮食的进口增长主要依赖于进口引力的增强;在波动徘徊期（2005—2008 年）,结构效应指数迅速上升,达到97.4%,而引力效应指数则急剧下降,仅占2.3%,表明结构效应对这一时期中国粮食进口的增长起到了极大的正向带动作用,受国内谷物类粮食进口需求下降的影响,引力效应对这一时期中国粮食进口总量增长的促进作用极为有限;在快速增长期(2008—2012年),引力效应不断恢复,反弹至62.47%,结构效应也逐渐平稳,降为44.4%,表明这一时期结构的调整和市场引力的提升共同促进了中国粮食进口贸易的发展。另外,纵观三个时期,由结构效应和引力效应共同作用而产生的二阶效应呈下滑态势,由第一时期的19.19%下降为第三时期的—6.86%,表明二阶交互效应对近十年来中国粮食的进口增长作用有限。

表6.2 中国粮食进口的CMS模型分解结果 (亿美元、%)

分解因素	2002—2005年		2005—2008年		2008—2012年	
	进口额	比重	进口额	比重	进口额	比重
测算增长	60.71	100.00	110.98	100.00	178.94	100.00
1. 结构效应	15.11	24.89	108.10	97.40	79.45	44.40
增长效应	10.23	16.86	125.88	113.43	—5.19	—2.90
市场效应	0.02	0.03	—9.28	—8.36	25.47	14.24
商品效应	3.61	5.94	—17.26	—15.55	7.35	4.11
交互效应	1.25	2.07	8.76	7.89	51.81	28.95
2. 引力效应	33.95	55.92	2.56	2.30	111.78	62.47
综合引力效应	38.54	63.48	3.18	2.86	181.51	101.43
具体引力效应	—4.59	—7.56	—0.62	—0.56	—69.73	—38.97
3. 二阶效应	11.65	19.19	0.33	0.29	—12.28	—6.86
纯二阶效应	11.72	19.30	3.51	3.16	—2.58	—1.44
动态残差效应	—0.07	—0.11	—3.18	—2.87	—9.70	—5.42

其次,由表6.2所示的二阶分解结果可以看出,进口结构因素、进口引力因素和世界总需求因素以及这些因素的交互作用共同影响着我国粮食进口的波动。

(1)结构效应。增长效应是结构效应中对世界经济因素影响我国粮食进口波动的描述。在我国入世到 2008 年金融危机来临期间,随着我国粮食(特别是大豆)进口壁垒不断降低,世界经济的增长与世界粮食贸易的发展极大促进了我国粮食进口贸易的扩大,在 2005—2008 年期间达到了罕见的 113.43％的贡献度;但随之爆发的金融危机震荡了整个世界,全球经济发展放缓,进口需求下降,增长效应急剧下跌至－2.9％,一定程度上拉低了我国粮食进口增长的速度。从市场效应和商品效应来看,两者在入世过渡期分别仅为 0.03％和 5.94％,影响甚微;在波动徘徊期两者又分别下降为－8.36％和－15.55％,进口市场与商品结构均明显恶化,粮食进口过多地集中在粮食出口供给慢于世界水平的地区和品种。我国主要的粮食进口伙伴为美国、巴西、澳大利亚、东盟等国家或地区,与新兴粮食出口国的粮食贸易偏少;我国进口粮食品种主要为大豆、大米、小麦、玉米等,粮食品种进口总量长期不足我国粮食进口总额的 20％。进入快速增长期,我国粮食进口的市场结构与商品结构均得以优化,分别达到 14.24％和 4.11％。结构交互效应在三个时期内均为正值,且贡献度呈显著递增态势,并在快速增长期达到了 28.95％,占据一半以上的结构效应,说明这一时期我国粮食进口贸易近 1/3 的增长是由市场结构与商品结构的相互作用效果带来的。尽管我国粮食进口整体上没有突出的市场结构效应与商品结构效应,但我国大米进口主要来自有地缘优势的东盟及周边国家,大豆进口主要来自世界大豆主产区的美国、巴西和阿根廷,具备较显著的品种结构与市场结构的进口结构交互效应。

(2) 引力效应。随着我国经济的发展及人们膳食结构的改善,国内产业结构的调整也调高了对粮食的需求,加之显著不足的国内生产能力,诱导着各主要产粮国将越来越多的粮食出口指向我国。在二阶分解中,引力效应被进一步分解为综合引力效应和具体引力效应。在入世过渡初期,粮食进口市场的开放给世界粮食贸易大国们呈现出了一个潜力巨大的粮食市场,63.48％的综合引力效应也印证了当时我国粮食市场对世界粮食出口的强大引力。但受大豆危机影响,我国大豆进口在 2003—2007 年间增长较为缓慢,而这一时期的大豆进口几乎占到我国粮食进口的 90％以上,因此,我国粮食进口的综合引力效应也在波动徘徊期下降到了仅 2.86% 的水平。随着入世过渡期的完全结束,我国粮食贸易政策更为明朗,加之我国在金融危机背景下仍能保持较快的经济发展速度,我国巨大的潜在粮食需求再次吸引了世界粮食贸易国的粮食出口,进口综合引力效应迅速提示至101.43%,成为这一时期影响我国粮食进口的最主要因素。就具体引力效应而言,其在三个时期内均为负值,且在快速增长期恶化至 -38.97%,极大削弱了综合引力效应对我国粮食进口的促进作用,这也意味着我国明显缺乏对世界粮食具体出口国和出口品种的进口引力。

(3)二阶效应。在上述 CMS 模型中,纯二阶效应、动态残差效应分别解释了我国粮食进口引力的变化与世界粮食进口需求规模的变化、世界粮食进口结构的变化是否趋同。表 6.2 的估计结果显示,纯二阶效应在三个时期内呈下降趋势,并在快速增长期变成了负值,这反映了我国粮食进口引力的变化方向由与世界粮食总体进口需求变化方向一致转为不一致,即在当前世界粮食进口需求萎缩时,我国粮食进口却呈现出了一定的进口引力;动态残差效应则在三个时期均为负值,且在进一步恶化,反映出我国粮食进口引力的变化方向与世界粮食进口结构变化方向的不一致,即我国粮食进口在世界增长较慢的市场上进口份额增长较快,对世界粮食出口增长缓慢的市场呈现出一定的进口引力。这鲜明地体现了我国粮食贸易与世界经济的不一致性。

综上所述,我国粮食进口需求的增长对我国粮食进口增长有着越来越重要的影响。在三个不同的时期内,受我国粮食进口引力效应影响,我国粮食进口的市场结构效应与商品结构效应均呈同方向波动态势,表明进口引力的变化是影响我国粮食进口波动的一个主要因素。

2. 与其他粮食进口国的横向对比

通过对比分析我国与其他三个世界主要粮食进口国的粮食进口 CMS 模型结果,可以更加直观地看出需求因素对不同国家粮食进口的影响程度不同。在三个时期内,中国、日本(2008—2012 年间除外)、西班牙和埃及的粮食进口均有不同程度增长,但中国的整体增幅与年均增速均明显快于其他几个国家(如表 6.3 所示)。

表 6.3　3 个主要粮食进口国的 CMS 模型分解结果　　（亿美元、%）

分解因素	2002—2005 年		2005—2008 年		2008—2012 年	
	进口额	比重	进口额	比重	进口额	比重
日本						
测算增长	9.86	100.00	60.82	100.00	−9.78	−100.00
1. 结构效应	8.65	87.73	85.52	140.61	−2.12	−21.66
增长效应	17.45	177.04	84.14	138.35	−2.92	−29.90
市场效应	−11.65	−118.13	5.28	8.68	−5.14	−52.53
商品效应	−10.07	−102.12	−3.53	−5.80	−15.75	−161.04
交互效应	12.91	130.94	−0.38	−0.62	21.69	221.81
2. 引力效应	3.35	34.02	−9.28	−15.25	−13.34	−136.45
综合引力效应	−4.98	−50.53	−7.85	−12.91	−18.99	−194.19
具体引力效应	8.33	84.54	−1.43	−2.35	5.65	57.74
3. 二阶效应	−2.14	−21.74	−15.42	−25.36	5.68	58.11
纯二阶效应	1.16	11.74	−12.73	−20.93	0.31	3.15
动态残差效应	−3.30	−33.48	−2.69	−4.43	5.37	54.96
西班牙						
测算增长	6.78	100.00	22.40	100.00	15.56	100.00
1. 结构效应	12.27	180.96	39.29	175.35	12.53	80.51
增长效应	7.66	112.96	42.48	189.60	−1.27	−8.17
市场效应	4.38	64.66	0.50	2.21	9.88	63.51
商品效应	2.30	33.87	−2.47	−11.05	7.62	48.97
交互效应	−2.07	−30.52	−1.21	−5.41	−3.70	−23.80
2. 引力效应	−2.16	−31.86	−6.64	−29.63	10.62	68.25
综合引力效应	0.82	12.10	0.82	3.66	3.56	22.90
具体引力效应	−2.98	−43.95	−7.46	−33.29	7.06	45.35
3. 二阶效应	−3.33	−49.10	−10.24	−45.72	−7.59	−48.75
纯二阶效应	−0.75	−11.00	−9.11	−40.66	−0.24	−1.57
动态残差效应	−2.58	−38.11	−1.13	−5.06	−7.34	−47.18

续表

分解因素	2002—2005 年		2005—2008 年		2008—2012 年	
	进口额	比重	进口额	比重	进口额	比重
埃及						
测算增长	—	—	—	—	29.53	100.00
1．结构效应	—	—	—	—	−5.01	−16.98
增长效应	—	—	—	—	−0.83	−2.83
市场效应	—	—	—	—	−3.22	−10.91
商品效应	—	—	—	—	−1.61	−5.44
交互效应	—	—	—	—	0.65	2.19
2．引力效应	—	—	—	—	40.25	136.28
综合引力效应	—	—	—	—	29.68	100.51
具体引力效应	—	—	—	—	10.56	35.77
3．二阶效应	—	—	—	—	−5.70	−19.31
纯二阶效应	—	—	—	—	−0.93	−3.14
动态残差效应	—	—	—	—	−4.77	−16.16

注：因未在 COMTRADE 数据库中查询到 2008 年以前埃及粮食贸易的相关数据，故无法计算相应的 CMS 结果，仅以"—"表示数据空缺。

从一阶分解结果看：首先，日本和西班牙的结构效应指数保持了与测算增长一致的符号，说明结构效应对这两个国家的粮食进口都产生了同向的促进作用。其中，日本在 2005—2008 年间、西班牙在 2002—2005 年间及 2005—2008 年间的结构效应指数均超过 100％，分别达到了 140.61％、180.96％和 175.35％，而在对应阶段的引力效应和二阶效应都为负值，说明这期间日本和西班牙粮食进口的增长完全是由结构效应所导致的，表现出了典型的强结构效应。以 2005—2008 年间西班牙粮食进口为例，仅结构效应就应导致粮食进口额增长 39.29 亿美元，但因负的引力效应及二阶效应抵消作用的存在，实际粮食进口额只增长了 22.40 亿美元。其次，在 2008—2012 年间，引力效应对三个国家粮食进口的影响都十分突出。比如，日本此阶段内有 136.45％的粮食进口下滑归因于引力效应，而埃及则有 136.28％的粮食进口增加是引力效应所导致的,西班牙的粮食进口引力效应也由前一阶段的－29.63％迅速提升至了 68.25％。再次,三个国家在三个阶段内的二阶效应指数均保持了与测算增长相反的符号,表明结构效应和引力效应共同作用下的二阶效应对这三个国家粮食进口起反向阻碍作用。整体而言,三大效应的一阶分解结果在主要粮食进口国间的影响较为一致。

从结构效应的二阶分解结果看:增长效应对各国粮食进口的影响基本一致,2008 年金融危机前良好的世界经济形势促进了各粮食进口大国粮食贸易规模的扩大,金融危机的来临恶化了全球经济发展,也导致了各粮食进口大国粮食进口的下滑,其中,日本的增长效应指数下滑最多,达到了 29.90％,其他两个国家的增长效应指数也降至 10％以内。市场效应和商品效应在各国间的影响差异较大,日本粮食进口的市场效应和商品效应长期为负值,且负向作用最大,在第三阶段分别导致日本粮食进口－52.53％和－161.04％的下降;西班牙则相反,是粮食进口大国中少有的市场效应和商品效应基本为正值的国家,在第三阶段分别达到 63.51％和48.97％,可见,市场效应和商品效应是导致日本粮食进口下滑的主要因素,而西班牙粮食进口则较多集中了在粮食出口增长较快的地区和品种上。与市场效应和商品效应不同,结构交互效应对日本粮食进口起到了显著促进作用,却在一定程度上抑制了西班牙的粮食进口,以第三阶段为例,日本、西班牙的结构交互效应分别为 221.81％、－23.80％,因此,尽管这一阶段日本的市场效应和商品效应极大地导致了其粮食进口的下降,但由特定市场与特定商品交互作用产生的效应却填补了这一粮食下降的缺口,而西班牙粮食进口的正向的市场效应和商品效应却在一定程度上被负向的结构交互效应所抵消。埃及粮食进口的结构效应中仅交互效应为微弱正值,其余效应均为负值,但指数均不高。除增长效应对各主要粮食进口国的影响较为一致外,市场效应、商品效应及交互效应对中国粮食进口的促进作用较为显著和稳定。

从引力效应的二阶分解结果看:综合引力效应对三个国家的影响度各不相同。日本是三个国家中综合引力效应为负的国家,在 2008—2012 年间达到了－194.19％,表明对世界粮食出口市场而言,日本粮食进口综合引力十分微弱,致使日本粮食进口规模大幅度下滑;西班牙和埃及粮食进口的综合引力效应均为正值,但西班牙的效应指数最高时也只有22.90%,综合引力并不强,而埃及则高达100.51%,是其粮食进口增加的最主要促进因素。三个国家都具备一定的具体引力效应,尤其是日本,具体引力效应指数达到57.74%,对日本粮食进口下滑产生了较显著的逆向影响,一定程度上削弱了综合引力效应的影响;西班牙的具体引力效应不断优化,在第三阶段也达到了45.35%,比其综合引力效应更为显著,表明西班牙对特定粮食出口市场和特定粮食品种的进口引力不断增强,如巴西的大豆和玉米、美国的小麦和大豆等;埃及的具体引力效应指数为35.77%,相对较小,但却是继综合引力效应后的埃及粮食进口第二大促进因素。与之相比,中国粮食进口的综合引力效应更为显著,但具体引力效应则明显偏低。

从二阶效应的二阶分解结果看:纯二阶效应仅在日本的第一阶段和第三阶段呈正值,但也并不显著,在其他时期和其他两个国家均为负值,表明这三个粮食进口大国的进口规模对世界粮食进口规模的变动的适应性较差。日本的动态残差效应近年来得以优化,已由第一阶段的-33.48%提升到了第三阶段的54.96%,说明日本粮食进口结构对世界粮食进口结构的变动的适应性在不断增强;西班牙和埃及的动态残差效应仍为负值,尽管两国均具备一定的具体引力效应,却没能较好地适应世界粮食进口结构的变动。中国粮食进口对世界粮食进口规模与结构的变动的适应性低于日本,但优于西班牙和埃及。

综上所述,日本、西班牙和埃及粮食进口的波动也是结构效应、引力效应和二阶效应共同作用的结果,但结构效应对位于发达国家行列的日本和西班牙的粮食进口波动产生了决定性的影响,而引力效应,特别是综合引力效应则对位于发展中国家行列的埃及的粮食进口产生了决定性的影响。与这三个粮食进口大国相比,尽管中国粮食进口的结构效应和引力效应均不是最大的,但却是最稳定的,在三个时期内都保持了相对显著的正的结构效应和引力效应。总的来说,国内需求引力也是中国粮食进口的重要促进因素,但结构效应的影响也十分突出,市场结构效应、商品结构效应及结构交互将变得越来越显著。

6.3.2　进口市场划分条件下的单一产品模型分析

进口市场划分条件下的 CMS 模型是对上述恒定市场份额模型的简化，即不再考虑不同产品类别的贸易份额在不同时期的增长率变化情况，而只分析一国单一产品在不同时期、不同国家的贸易份额变化情况。因此，可将式(6.6)简化为以下模型：

$$\Delta q = \sum_j S_j^0 \Delta Q_j + \sum_j Q_j^0 \Delta S_j + \sum_j \Delta S_j \Delta Q_j \qquad (6.8)$$
$$\text{结构效应} \qquad \text{引力效应} \quad \text{二阶效应}$$

为能更明了地反映市场划分条件下的市场结构效应，可将式(6.8)进一步分解如下：

$$\Delta q = S^0 \Delta Q + \sum_j (S_j^0 - S^0) \Delta Q_j + \sum_j Q_j^0 \Delta S_j + \sum_j \Delta S_j \Delta Q_j \qquad (6.9)$$
$$\text{增长效应} \quad \text{市场结构效应} \qquad \text{引力效应} \qquad \text{二阶效应}$$

式(6.9)即为简化后的单一产品 CMS 模型，它将一国粮食进口变动的影响因素分解为了四个部分：$S^0 \Delta Q$ 表示世界粮食进口需求增长引起的一国粮食贸易的变化，正值意味着世界粮食进口需求的增长促进了一国粮食进口的增长，负值则相反；$\sum_j (S_j^0 - S^0) \Delta Q_j$ 表示市场划分条件下的市场结构效应，正值意味着一国粮食进口集中在快速增长的粮食出口市场，负值则反映了一国粮食进口更多地集中在缓慢增长的粮食出口市场；$\sum_j Q_j^0 \Delta S_j$ 表示进口引力因素，正值意味着一国粮食进口引力增强而引起的一国粮食进口的增加，而负值则意味着一国粮食进口引力下降导致的粮食进口减少，即通过 ΔS_j 的正负来反映一国能否维持其在特定粮食市场的进口份额；$\sum_j \Delta S_j \Delta Q_j$ 表示上述因素交互作用引起的一国粮食进口额的变化情况。

表 6.4 显示了市场划分条件下中国四大粮食品种各自进口增长的 CMS 模型

表 6.4 中国主要粮食品种进口增长 CMS 模型分解结果 （百万美元、%）

分解因素	2002—2005 年		2005—2008 年		2008—2012 年	
	进口额	比重	进口额	比重	进口额	比重
小麦（1001）						
实际增长	659.46	100.00	−754.81	−100.00	1 094.13	100.00
增长效应	19.77	3.00	1 195.15	158.34	−1.28	−0.12
市场结构效应	−4.80	−0.73	−68.20	−9.04	9.13	0.83
引力效应	572.73	86.85	−756.99	−100.29	875.53	80.02
二阶效应	71.77	10.88	−1 124.76	−149.01	210.74	19.26
玉米（1005）						
实际增长	−0.24	−100.00	11.04	100.00	1 676.26	100.00
增长效应	0.71	298.38	2.02	18.29	0.77	0.05
市场结构效应	1.44	607.18	−0.02	−0.15	−0.65	−0.04
引力效应	−0.65	−275.70	4.53	41.03	2 395.91	142.93
二阶效应	−1.73	−729.87	4.51	40.83	−719.77	−42.94
大米（1006）						
实际增长	116.41	100.00	−12.68	−100.00	942.20	100.00
增长效应	88.77	76.25	267.97	2 113.20	−27.18	−2.88
市场结构效应	−51.69	−44.40	47.07	371.19	−17.28	−1.83
引力效应	56.44	48.48	−126.29	−995.91	1 019.98	108.26
二阶效应	22.90	19.67	−201.43	−1 588.48	−33.32	−3.54
大豆（1201）						
实际增长	5 295.48	100.00	14 036.96	100.00	13 161.37	100.00
增长效应	1 400.14	26.44	10 273.01	73.19	5 424.80	41.22
市场结构效应	56.85	1.07	−907.05	−6.46	1 665.41	12.65
引力效应	2 766.45	52.24	1 969.55	14.03	4 704.17	35.74
二阶效应	1 072.04	20.24	2 701.45	19.25	1 366.99	10.39

分析结果。与前两个阶段相比,四大粮食品种的进口在2008—2012年期间都有十分显著的增长。小麦、玉米、大米和大豆的进口增长额分别从第一阶段的659.46百万美元、-0.24百万美元、116.41百万美元和5 295.48百万美元提高到了第三阶段的1 094.13百万美元、1 676.26百万美元、942.20百万美元和13 161.37百万美元。其中,大豆一直占据主导地位,玉米增速尤为突出。

增长效应。增长效应是影响我国大豆进口最为显著的因素,三个阶段内大豆进口的增长效应指数均在25%以上,在2005—2008年期间达到了73.19%,说明世界大豆进口需求的增长对我国大豆进口起到了较大的促进作用。但除大豆外,我国谷物类粮食进口的增长效应指数整体偏低,小麦和大米在2005—2008年期间分别迅速上升至158.34%和2113.20%,但随后又跌为负值;玉米的增长效应尽管在2002—2005年期间处于298.38%的高水平,但随后也逐步下滑,2008—2012年期间仅为0.05%的水平。可见,世界谷物类粮食进口需求的增长对我国谷物类粮食进口作用较为有限。

市场结构效应。我国各类粮食品种进口的市场结构效应并不明显。小麦和大豆进口的市场结构效应基本为正值,但最高水平也仅在10%左右;而玉米和大米的市场结构效应在三个阶段内以负值居多,仅玉米在2002—2005年期间、大米在2005—2008年期间的这一指数分别达到607.18%和371.19%正值,其余阶段均为负值,说明我国各类粮食品种(特别是谷物类粮食品种)的进口并不是来自增长最为快速的世界粮食市场。值得注意的是,通过三个阶段这一指标的对比可以看出,四大类粮食品种进口的市场结构效应总体呈上升趋势,这一方面印证了总量模型中进行纵向对比时得出的我国粮食进口存在较显著结构交互效应的结论,另一方面也意味着我国粮食进口市场结构的改变会带来我国粮食进口的增长。

引力效应。整体而言,我国各类粮食品种进口的引力效应都十分显著。在2008—2012年期间,玉米的引力效应最强,进口增长几乎完全由引力效应所导致,贡献率达到了142.93%;引力效应也是这一阶段大米进口增长的唯一促进因素,引力效应指数达到108.26%;引力效应也对小麦和大豆的进口增加产生了重要影响,贡献率分别达到80.02%和35.74%。从时间序列来看,尽管仅大米进口的引力效应趋于上升而其他三类粮食品种进口的引力效应趋于下降,但显而易见的是,引力效应不仅目前是而且在未来一定时期内仍将是导致我国粮食进口趋于增长的最主要因素。

二阶效应。除小麦外,玉米、大米和大豆进口的二阶效应均有不同程度的下降。其中,大米的二阶效应在前两个阶段下降幅度最大,由 2002—2005 年期间的 19.67%下降到了 2005—2008 年期间的 $-1\,588.48\%$,说明我国大米进口的变化与世界玉米进口需求的变化明显不趋于一致;玉米进口的二阶效应基本为负值;大豆进口的二阶效应仍为正值,但在三个阶段内也下降了近一半的水平;仅有小麦进口的二阶效应有所上升,但也并不十分显著,仅由第一阶段的 10.88% 上升到了第三阶段的 19.26%。可以认为,我国粮食进口引力与结构的变化同世界粮食进口需求规模与市场结构的变化之间的一致性不强,其产生的交互作用对我国粮食进口的影响尚不大。

综上所述,从四个不同品种粮食的进口来说,引力因素对各类粮食进口的影响都非常明显,尤其是近年来的玉米和大米的进口,几乎完全由引力因素所决定,我国国内市场巨大的粮食需求无疑成为促进我国各类粮食品种进口持续扩大的主要因素。

6.3.3 进口产品划分条件下的单一市场模型分析

与进口市场划分条件下的 CMS 模型类似,进口产品划分条件下的 CMS 模型也是对原有恒定市场份额模型的简化,可称为单一市场 CMS 模型,即不再考虑不同市场分布在不同时期的增长率变化情况,而只分析在不同时期一国不同产品在目标市场贸易份额的变化情况。因此,公式可简化为以下模型:

$$\Delta q = \underbrace{\sum_i S_i^0 \Delta Q_i}_{\text{结构效应}} + \underbrace{\sum_i Q_i^0 \Delta S_i}_{\text{引力效应}} + \underbrace{\sum_i \Delta S_i \Delta Q_i}_{\text{二阶效应}} \tag{6.10}$$

为能更明了地反映产品划分条件下的商品结构效应,可将式(6.10)进一步分解如下:

$$\Delta q = S^0 \Delta Q + \sum_i (S_i^0 - S^0) \Delta Q_i + \sum_i Q_i^0 \Delta S_i + \sum_i \Delta S_i \Delta Q_i \qquad (6.11)$$

增长效应　　商品结构效应　　引力效应　　二阶效应

根据这一模型,按照以上时间阶段,分别将中国对阿根廷、澳大利亚、巴西、泰国和美国的粮食进口波动影响因素进行分析,得到如表 6.5 所示的结果。

表 6.5　中国对主要粮食进口来源国粮食进口 CMS 模型分解结果

(百万美元、%)

分解因素	2002—2005 年		2005—2008 年		2008—2012 年	
	进口额	比重	进口额	比重	进口额	比重
阿根廷						
实际增长	1 568.99	100.00	1 429.75	100.00	−886.45	−100.00
增长效应	58.80	3.75	933.54	65.29	79.28	8.94
商品结构效应	583.25	37.17	1 238.18	86.60	−1 175.10	−132.56
引力效应	451.73	28.79	−371.62	−25.99	300.67	33.92
二阶效应	475.21	30.29	−370.36	−25.90	−91.30	−10.30
澳大利亚						
实际增长	190.46	100.00	−193.62	−100.00	657.68	100.00
增长效应	−0.01	0.00	0.70	0.36	−0.23	−0.03
商品结构效应	0.10	0.05	80.80	41.73	8.45	1.28
引力效应	188.70	99.08	−195.76	−101.10	306.80	46.65
二阶效应	1.66	0.87	−79.36	−40.99	342.66	52.10
巴　西						
实际增长	1 475.52	100.00	4 900.83	100.00	6 978.31	100.00
增长效应	53.81	3.65	259.85	5.30	98.64	1.41
商品结构效应	636.88	43.16	2 237.79	45.66	4 087.42	58.57
引力效应	445.19	30.17	1 172.84	23.93	1 773.00	25.41
二阶效应	339.63	23.02	1 230.35	25.10	1 019.25	14.61

续表

分解因素	2002—2005 年		2005—2008 年		2008—2012 年	
	进口额	比重	进口额	比重	进口额	比重
泰 国						
实际增长	108.80	100.00	−7.53	−100.00	−19.10	−100.00
增长效应	100.24	92.14	727.31	9 657.41	−48.16	−252.14
商品结构效应	−66.78	−61.38	−421.15	−5 592.10	4.63	24.21
引力效应	52.91	48.63	−119.25	−1 583.37	38.44	201.25
二阶效应	22.42	20.61	−194.45	−2 581.95	−14.00	−73.32
美 国						
实际增长	2 272.82	100.00	5 181.32	100.00	8 827.32	100.00
增长效应	103.82	4.57	3 607.06	69.62	29.63	0.34
商品结构效应	22.02	0.97	1 161.03	22.41	4 970.72	56.31
引力效应	1 904.94	83.81	173.32	3.35	3 908.06	44.27
二阶效应	242.04	10.65	239.91	4.63	−81.10	−0.92

在中国的五大粮食进口来源国中,对阿根廷和泰国的进口粮食呈持续缓慢下滑趋势,但对澳大利亚、巴西和美国的粮食进口呈较稳定增长态势。其中,来自阿根廷的下滑最为显著,四大粮食品种进口总额的增长幅度由 2002—2005 年期间的 15.68 亿美元下降为 2008—2012 年期间的 −8.86 亿美元;来自美国的增长最为显著,四大粮食品种进口总额的增长幅度由 2002—2005 年期间的 22.72 亿美元增长为 2008—2012 年期间的 88.27 亿美元。

增长效应。除了 2008—2012 年期间的澳大利亚和泰国市场外,中国对主要粮食进口来源国的粮食进口增长效应均为正值,且基本维持在 10% 以内,说明世界粮食进口需求的增长对我国粮食进口的有促进作用,但并不显著。但通过对不同时间阶段指数的对比可以发现,五大进口来源国的这一效应均在 2005—2008年期间达到各自市场的最高水平,对泰国的增长效应甚至达到 9 657.41%,在美国和阿根廷市场也分别突升至 69.62% 和 65.29%,成为这一阶段促进我国粮食进口增长的主要因素。

商品结构效应。我国从巴西和美国进口粮食的商品结构效应最为显著。在三个阶段内,中国从巴西和美国进口粮食的效应指数均为正值,且呈逐步上升趋势,分别从第一阶段的43.16%、0.97%上升到了第三阶段的58.57%、56.31%。这一效应始终是促进中国从巴西进口粮食增长的最主要因素,也在第三阶段成为中国从美国进口粮食的最主要促进因素。中国从澳大利亚进口粮食的商品结构效应指数相对较小,但也均为正值;在阿根廷的效应则由前两阶段对我国粮食进口增加较显著的贡献度变为第三阶段对我国粮食进口减少的132.56%的贡献度;在泰国的效应则相反,由显著负值变为较明显的正值。总的来说,我国粮食进口的商品结构效应较为明显,特别是在巴西和美国市场,比世界更集中地进口了快速增长的粮食品种(即大豆)。

引力效应。中国粮食进口的引力效应在五大进口来源市场上表现出了少有的一致性,即在2002—2005年期间中国入世初期阶段和2008—2012年期间金融危机来了后的阶段,引力效应指数均为正值,且均在25%以上的显著水平,澳大利亚、泰国分别在第一阶段和第三阶段达到99.80%、201.25%水平;但在2005—2008年期间中国入世的后过渡期阶段,五大市场的引力效应指数均处于各自的最低水平,除巴西和美国分别具有23.93%、3.35%的正效应外,其余三大市场均为−25%以下的水平,泰国竟低至−1 583.37%,极大地抵消了这一阶段增长效应给我国粮食进口带来的影响。可见,引力效应是促进我国对主要粮食进口来源国粮食进口增长的重要因素,但国内贸易政策的变动会引起粮食进口引力的变化,从而导致我国粮食进口的波动。

二阶效应。三个阶段内仅巴西的二阶效应指数始终为正值,说明我国对巴西的粮食进口引力与商品结构的变化同世界粮食对巴西粮食进口需求规模与商品结构的变化较为同步,这种交互作用对我国从巴西粮食进口具有较明显的促进作用。另外,三个阶段的指数对比显示,中国粮食进口的二阶效应除对澳大利亚市场处于波动中有所上升的状态外,在其他几个主要进口来源市场均呈下降态势,特别是泰国,由第一阶段的20.61%下降为了第三阶段的−73.32%。不难推断,除巴西外,我国粮食进口引力变化与世界粮食进口需求变化的交互作用更大程度上导致了我国粮食进口的下降。

综上所述,对五大不同粮食进口来源而言,引力因素和商品结构效应是导致中国对各大粮食进口来源国粮食进口波动的两项重要因素。近年来,我国对阿根廷、巴西和美国的粮食进口波动几乎都完全由这两项因素所决定的。

6.3.4　主要研究结论

根据上述粮食进口总量模型、进口市场划分条件下的单一产品模型和进口产品划分条件下的单一市场模型三个方面的实证分析,可以得到以下结论:

首先,国内市场的进口引力因素是我国粮食进口规模与结构变动的最为重要的因素。总量 CMS 模型结果显示,我国粮食进口有着显著的正向的引力效应,与其他三个粮食进口大国相比,我国粮食进口的引力效应更为显著和稳定;进口市场划分条件下的 CMS 模型结果也显示出我国主要粮食品种的显著引力效应;进口产品划分条件下的 CMS 模型结果则显示了我国对主要粮食进口来源国的显著引力效应。近些年来,国内宏观经济形势越来越被外界看好,在世界经济发展放缓的大背景下,我国不仅 GDP 连续保持了 7% 以上的增长,商品市场也日益活跃,居民收入水平不断提高,消费能力和消费结构不断升级,国内需求持续扩大;与此同时,粮食进口壁垒也在逐步降低,粮食进口成本随着下降,各项利好宏观经济因素将进一步助推我国粮食进口引力效应的发挥。

其次,世界经济背景下的世界粮食进口需求变动是影响我国粮食进口变动另一大因素。增长效应和二阶效应都反映了世界经济因素对我国粮食进口波动的影响。从三种类型的 CMS 模型结果看,尽管增长效应和二阶效应对我国粮食进口的影响力不如引力效应,且有不少效应指数为负值,从三个时期的对比来看还呈下滑态势,但在个别时期,针对不同的粮食品种或不同的进口市场却产生着重要的影响。这一方面说明世界粮食市场需求变动对我国粮食进口的影响力相对较小,另一方面也意味着我国粮食进口结构与世界市场还缺乏适应性。

再次,我国粮食进口的市场与商品结构效应也对我国粮食进口变动发挥着越来越重要的影响。从总量 CMS 模型看,我国粮食进口的市场与商品结构效应指数有所上升,相比其他三个粮食进口大国的波动更小;单一产品 CMS 模型下四大粮食品种的市场结构效应较小,而单一市场 CMS 模型下五大进口来源市场的商品结构效应相对较大,但大多都呈上升趋势。这意味着尽管当前我国主要粮食进口品种并未更多集中在发展最为快速的世界粮食市场上,我国在主要粮食进口来源国的粮食进口也并没有更多集中在发展最为快速的粮食品种上,但随着我国粮食进口结构的调整,世界主要粮食品种及主要粮食市场的增长将对我国粮食进口产生更大的促进作用。

综合而言,我国粮食进口规模与结构的变动是自身引力因素、世界粮食市场需求因素以及我国粮食进口结构因素共同作用的结果。引力因素对我国粮食进口总规模的扩大、进口结构的变动作用最为显著,但我国粮食进口规模和结构的变动与世界粮食市场的变动之间的适应性较弱,还有待调整与优化。

6.4　本章小结

本章运用 CMS 模型从规模和结构两方面就世界粮食进口变化及国内粮食进口需求引力变化等因素对中国粮食进口贸易的影响进行实证检验,得到以下结论:一是中国粮食进口增长是结构效应、引力效应和二阶效应共同作用的结果,但无论是从总量还是品种结构或市场结构上分析,引力效应的影响都尤为显著且趋于增强,表明国内粮食进口需求的变动对中国粮食进口的影响越来越大;二是中国粮食进口的市场结构效应与商品结构效应趋于增长,但效应偏小,表明中国粮食进口规模和结构的变动与世界市场的变动之间的适应性还须加强。

第 7 章

中国粮食进口对中国粮食安全的影响

7.1 粮食安全的概念

7.1.1 粮食安全的定义

1974 年 11 月,联合国粮农组织(FAO)在第一次世界粮食大会上提出了粮食安全的最初概念,即保证任何人在任何时候都能得到为了生存和健康所需要的足够食物。1983 年 4 月,时任 FAO 总干事的爱德华·萨乌玛进一步将粮食安全界定为:确保所有的人在任何时候,既能买得到又能买得起他们所需要的基本食物。1996 年 11 月,FAO 再次对粮食安全的概念进行了修订:只有当所有人在任何时候都能够在物质上和经济上获得足够、安全和富有营养的粮食,来满足其积极与健康生活的膳食需要及食物喜好时,才实现了粮食安全。尽管 FAO 所提出的这一粮食安全概念广为传播,但始终较为抽象和笼统。我国有不少学者对粮食安全的概念进行了较为深入的解释,如朱泽(1997)提出,粮食安全指国家在工业化进程中满足人民日益增长的粮食需求及应对各种不测事件的能力;钟辅宁(2004)提出了理解粮食安全的四个层次,即供应量是否满足基本需要、供应在时空分布上是否均匀、所有人是否能容易地获取基本粮食及粮食是否符合卫生、营养和健康的标准;张忠良(2007)认为,粮食安全指粮食在数量上要能够满足人口食用、养殖业、工业及其他国民经济正常发展所需的日益增长的所有用粮,在产量上要能与全面建设小康社会目标和进程的客观需要相匹配,在价格及其变化上要能符合国民经济健康快速稳定发展内在规律的客观要求,在质量上要能符合人民群众生活水平日益提高的要求。

粮食安全是一个由低级到高级的动态发展的现象,不同经济发展水平和经济发展时期应有不同的粮食安全概念。结合不同学者对粮食安全概念的研究,本书给出的粮食安全概念是:任何人在任何时候都有能力购买到满足自身生存和营养需要的符合质量、卫生安全标准的粮食及粮食产品。

7.1.2　粮食安全的内涵

随着世界经济和社会的不断发展,粮食安全的内涵也越来越丰富。当前粮食安全的内涵应该包括四个方面:粮食的数量安全、粮食的质量与营养安全、粮食的经济安全和粮食的生态安全。

粮食的数量安全是粮食安全最基本的要求,指一个国家或地区通过粮食生产与市场贸易来保障全体居民粮食消费数量需求的能力。完整的粮食数量安全包含宏观、中观和微观三个层次。宏观的粮食数量安全体现一国的总体粮食供给能力,主要取决于该国的粮食总产量、粮食总储备量、粮食国际贸易量;中观的粮食数量安全体现一国不同地区的粮食及不同粮食品种的供给能力,主要取决于该国粮食的地区结构与品种结构的合理程度;微观的粮食数量安全体现一国家庭获取粮食的能力,主要取决于家庭的收入水平。可以说,宏观的粮食数量安全是中观、微观粮食数量安全的必要条件,但却并不是充分条件,即实现了宏观的国家粮食数量安全才能实现中观和微观的地区和家庭粮食数量安全,但国家粮食数量安全并不能保证国内所有地区和家庭的粮食数量安全,三者同时实现才是完整的粮食数量安全。

粮食的质量与营养安全是粮食安全的重要组成部分,指确保居民能够获得安全、卫生、营养的粮食及其他食品的能力。首先,要保障居民所消费粮食及其他食品的品质安全,即要符合卫生、安全、无毒、无公害等基本标准;其次,要保障居民膳食的营养安全,即为满足居民对营养均衡及多样化食品消费的需求,不仅要保证谷物类、豆类、薯类等粮食主食的有效供给,还应保证畜禽产品(肉、蛋、奶等)、水产品(鱼、虾等)、果蔬产品及糖油酱醋等以粮食为饲料或原料的副食的及时供应。这样才能确保居民食品消费的品质安全和营养结构合理。

粮食的经济安全是确保国家粮食安全的关键要素,指保障农民种粮经济收益稳定、确保农民从事粮食生产的积极性和持续性的能力。粮食的自然、社会和经济特性决定了农民种粮的经济收益偏低,在比较利益的驱使下,农民易于选择进入能带来更高经济收入的其他产业,或缩小粮食种植面积转而增加经济作物的种植面积,甚至放弃进行粮食生产,这必将危及一国的粮食安全。因此,大力实施农业政府扶持政策,逐步增加农民种粮的经济收益,增强农民种粮的积极性,才能有效地引导农民的主体行为选择有益于国家粮食经济安全。

粮食的生态安全随着环境保护讨论的兴起而越来越被人们所重视,也成为现代粮食安全观中不可或缺的一部分。粮食生态安全指保障粮食生产可持续发展的能力,既强调粮食本身和粮食生产过程不受到污染,也强调粮食生产过程不对生态环境造成负面影响。水和耕地是粮食生产的最基本要素,当水和耕地的生态出现失衡时,粮食的有效供给将难以保障。可见,既要防止废气、废水、垃圾等污染大气、水和土壤,进而污染粮食及粮食生产过程;也要减少化肥、农药、机械等在粮食生产过程中对生态环境造成的污染,还要有效防止耕地流失,才能实现粮食生产可持续发展的粮食生态安全。

7.1.3 粮食安全的特征

粮食安全具有三大典型特征:系统性、时变性和地域性。

1. 系统性

一国的粮食安全状况受到多项因素的影响,如国际粮食市场供求状况、国内总体经济形势、国际国内相关农业政策与制度等都会从宏观上对一国的粮食安全产生影响,而一国国内的粮食生产、粮食流通、粮食消费、粮食储备、粮食贸易等环节的运行与相互作用情况则会从微观上影响到该国甚至全球粮食安全体系的有效运行。粮食安全的系统性体现在影响粮食安全的因素和环节多而不孤立,他们相互联系、相互制约或互为条件,共同构成了一个庞大的粮食安全系统。所以,一国粮食安全的整体水平最终取决于这些因素的综合作用,但这一系统中的薄弱环节的运行情况往往有着决定性的影响。

2. 动态性

粮食安全是一个动态发展的现象,在不同的时代背景下粮食安全应有不同的目标,具体的判断标准也应不尽相同或有所侧重。以我国为例,改革开放初期,我国粮食安全的主要目标是让大多数人能吃饱饭,侧重于发展粮食的生产;随着我国粮食产量的稳步提升以及经济发展速度的增快,粮食流通安全逐渐成为我国粮食安全工作的重心;在20世纪90年代,保障农村贫困人口的粮食安全成为我国粮食安全的主要目标;进入21世纪以来,我国不仅保持了较为稳定的粮食综合生产能力,也成为国际粮食市场的主要贸易国之一,满足了国内对粮食的食用、饲用、加工用等基本需求。当前,随着人们膳食结构的调整以及全球生态环境保护力度的加大,粮食的质量和营养安全以及生态安全已变得越来越重要。可见,粮食安全具有与时俱进的动态性。

3. 地域性

粮食安全还具有地域性的特征。由于不同国家在地理位置、耕地资源、人口数量以及粮食综合生产与贸易能力等方面都有所不同,各国的粮食安全目标以及保障本国粮食安全的措施和手段也应不尽相同。如欧盟的粮食安全目标主要是维护农村社区、促进农村发展、提高粮食质量和保护生态环境;美国的粮食安全政策目标侧重于耕地保护和对农民进行收入支持;日本的粮食安全政策核心是强化农业基础设施建设、提高粮食特别是大米的自给率;而韩国粮食政策的主要目标则是大力支持稻谷的种植(邵鲁,2009)。我们应该在适度借鉴其他国家发展经验的基础上,依据我国的地域性特点,设定与自身经济发展情况吻合的粮食安全目标。

7.2　我国粮食安全基本情况分析

7.2.1　我国粮食安全评价指标体系构建

如前所述,粮食安全的影响因素很多,要构建一个合理的粮食安全评价指标体系,不仅要考虑每个评价指标自身的经济含义,还须注意各个环节、各项因素在宏观粮食安全系统里的相互关系。目前,FAO、世界银行及国内外学者较一致认为,粮食自给率(或粮食贸易依存度)、粮食产量波动、粮食储备水平、人均粮食占有量以及低收入居民的粮食保障水平等是反映一国粮食安全状况的主要指标。本书根据我国粮食产业的特点以及粮食安全评价指标体系选取的全面性、代表性、数据的可操作性和一致性原则,从粮食生产、粮食需求、粮食贸易和生态环境变化四个方面,选取 15 项指标,构建了如表 7.1 所示的我国粮食安全的评价指标体系。

表 7.1　我国粮食安全评价指标体系的选取

一级指标	二级指标	三级指标
粮食安全	粮食生产	x_1 农业机械总动力
		x_2 化肥施用量
		x_3 有效灌溉面积
		x_4 农田受灾面积
		x_5 单位面积产量
	粮食需求	x_6 人口增长率
		x_7 城市化率
		x_8 城镇居民人均粮食消费占全国人均粮食占有量的比重
		x_9 农村居民人均食品消费支出占其总支出的比重
		x_{10} 加工用谷物类粮食占谷物类粮食产量的比重

续表

一级指标	二级指标	三级指标
粮食安全	粮食贸易	x_{11}粮食进口依存度
		x_{12}粮食储备变动
		x_{13}粮食价格指数
	环境变化	x_{14}废水排放增长率
		x_{15}工业废气排放增长率

　　首先,选取了五项指标来反映我国粮食的生产能力,分别是:农业机械总动力、化肥施用量、有效灌溉面积、农田受灾面积和单位面积产量。粮食生产能力是一国粮食安全的基础,粮食生产能力越强,粮食安全的基础便越牢固。在上述五项反映我国粮食生产能力的指标中,农业机械总动力、化肥施用量、有效灌溉面积和单位面积产量这些指标数值的增大,会促进我国粮食生产能力的提升,也意味着我国粮食安全保障能力的增强;农田受灾面积数值的扩大,则会影响我国粮食产量的提升,也意味着会给我国的粮食安全带来一定隐患。

　　然后,再选取了五项指标来反映我国粮食的需求压力,分别是:人口增长率、城市化率、城镇居民人均粮食消费占全国人均粮食占有量的比重、农村居民人均食品消费支出占其总支出的比重以及加工用谷物类粮食占谷物类粮食产量的比重。其中,前三项指标主要反映我国粮食的食用和饲用需求。随着人口总量的增加,粮食需求总量必然提高;根据联合国估测,我国城市化率在 2050 年将达到72.9%,城市化率的增长以及人们膳食结构的调整,又会增加鱼、肉、蛋、奶等的消费进而提高粮食的饲用需求。"农村居民人均食品消费支出占其总支出的比重"在一定程度上代表了一国的国民可支配收入水平,如果这一指标越低,则代表着该国国民可支配收入水平较高,从购买力角度能较好地保障一国的粮食安全。据国家粮油信息中心预测,2050 年我国人均原粮消费约占粮食总需求量的30%,生物能源发展、工业酿制等的用粮需求将进一步加大,"加工用谷物类粮食占谷物类粮食产量的比重"主要用来反映工业用粮需求,这一指标越大,预示着粮食安全的保障难度越大。

另外,在粮食贸易方面,选择了三项指标来衡量其对粮食安全的影响。粮食贸易是开放条件下调剂国内粮食余缺的重要途径,但如果粮食储备与粮食价格指数波动剧烈,必然影响粮农种粮的积极性,危及我国粮食的经济安全;而粮食进口依存度过高则意味着我国国内粮食市场难以摆脱国际粮食市场变动的风险,我国粮食安全的隐患也随之加大。

最后,选择了废水排放增长率和工业废气排放增长率两项指标来衡量生态环境变化对我国粮食可持续发展即粮食生态安全的影响。

7.2.2 基于主成分分析法的我国粮食安全实证分析

主成分分析法(Principal Components Analysis,简称 PCA)是一种数学变换的方法。基于降维思想,这一方法可以将原本多个且彼此相关的变量通过线性变换转换为少数几个且彼此独立的综合变量,这些保留了原有变量主要信息的新的综合变量便被称为主成分。鉴于粮食安全影响因素的多维性及部分因素间存在相关性的特点,运用主成分分析法对我国粮食安全状况进行评价是较为合适的。

1. 主成分分析法数学原理与模型介绍

假设共收集到 n 个样品,每个样品观测到 p 个随机变量(记为 x_1, x_2, $\cdots$, x_p),组成一个 $n \times p$ 阶矩阵 X:

$$X = \begin{pmatrix} x_{11} & x_{12} & \cdots & x_{1p} \\ x_{21} & x_{22} & \cdots & x_{2p} \\ \vdots & \vdots & \vdots & \vdots \\ x_{n1} & x_{n2} & \cdots & x_{np} \end{pmatrix} \tag{7.1}$$

主成分分析方法就是要利用 p 个原始变量(x_1, x_2, $\cdots$, x_p)来构造少数几个新的有代表性的综合变量,即对原始变量进行线性组合,在保留每个原始变量绝大部分信息的同时,组成个数较少、彼此独立的新的综合变量。因此,我们定义

x_1，x_2，$\cdots$，x_p 为原始变量，f_1，f_2，$\cdots$，$f_m(m \leqslant p)$ 为新的综合变量，每　个新的综合变量均是 p 个原始变量的线性组合：

$$
\begin{cases}
f_1 = k_{11}x_1 + k_{12}x_2 + \cdots + k_{1p}x_p \\
f_2 = k_{21}x_1 + k_{22}x_2 + \cdots + k_{2p}x_p \\
\quad\vdots \qquad\qquad \vdots \qquad\qquad \vdots \\
f_m = k_{m1}x_1 + k_{m2}x_2 + \cdots + k_{mp}x_p
\end{cases}
\tag{7.2}
$$

且满足如下两个条件：

(1) f_i 与 f_j 相互独立，其中：$i \neq j$；$i, j = 1, 2, \cdots, m$

(2) f_1 为原始变量 x_1，x_2，$\cdots$，x_p 的一切线性组合中方差最大者；f_2 为独立于 f_1 的原始变量 x_1，x_2，$\cdots$，x_p 的一切线性组合中方差最大者；以此类推，f_m 为独立于 f_1，f_2，$\cdots$，f_{m-1} 的原始变量 x_1，x_2，$\cdots$，x_p 的一切线性组合中方差最大者。

由此，我们得到了新的综合变量 f_1，f_2，$\cdots$，f_m，并分别将其称为原始变量的第一、第二……第 m 主成分。

可见，主成分分析就是确定 p 个原始变量 x_1，x_2，$\cdots$，x_p 在各个主成分 $f_i(i = 1, 2, \cdots, m)$ 上的系数 $k_{ij}(i = 1, 2, \cdots, m; j = 1, 2, \cdots, p)$。从数学上可以证明，它们是 p 个原始变量$(x_1, x_2, \cdots, x_p)$相关矩阵的前 m 个较大特征值所对应的特征向量，而各个综合变量 f_i 的方差 $\mathrm{VAR}(f_i)$ 是对应的特征根 λ_i，各个主成分的方差贡献大小按特征根依次递减排列，即 $\lambda_1 \geqslant \lambda_2 \geqslant \cdots \geqslant \lambda_p \geqslant 0$。事实上，主成分分析就是把 p 个原始变量的总方差分解为了 p 个不相关随机变量的方差之和，即 $\lambda_1 + \lambda_2 + \cdots + \lambda_p$；第 i 个主成分在总方差中所占的比重或总方差总被第 i 个主成分所解释的比例便称为第 i 个主成分的贡献度，可用式(7.3)的公式来表示；前 m 个主成分的累计贡献度则衡量了这 m 个主成分共同对原始变量的解释程度，可用式(7.4)来表示。一般而言，以初始特征值大于 1 或是累计贡献度达到 85% 以上为限来确定所保留的主成分个数。

$$
\lambda_i / (\lambda_1 + \lambda_2 + \cdots + \lambda_p)
\tag{7.3}
$$

$$
\sum_{j=1}^{m} \lambda_j \bigg/ \sum_{i=1}^{p} \lambda_i
\tag{7.4}
$$

2. 基于主成分分析法的我国粮食安全评价

本书使用 SPSS20.0 软件，选取 1985—2012 年的时间序列数据，对表 7.1 所构建的我国粮食安全评价指标体系进行主成分分析，以期找出体现我国粮食安全状况的主要成分，并计算我国粮食安全的综合评价值。软件分析结构如下：

表 7.2 相关矩阵检验结果显示，所选取变量的 KMO 统计量为 0.788，Bartlett 检验的 F 值为 0.000，表明这些数据较适合作主成分分析。

表 7.2　KMO 和 Bartlett 的检验

取样足够度的 Kaiser-Meyer-Olkin 度量		0.788
Bartlett 的球形度检验	Approxi. Chi-Square	675.317
	df	105
	Sig.	0.000

表 7.3 显示的是提取后的公因子对各原始变量的解释程度，这 15 项因素的共性方差均大于 0.5，且大多数都接近或超过了 0.9，这表明所提取的公因子能够很好地反映原始变量的主要信息。

表 7.3　变量的公因子方差

变　量	初始值	提取值
x_1 农业机械总动力	1.000	0.978
x_2 化肥施用量	1.000	0.986
x_3 有效灌溉面积	1.000	0.971
x_4 农田受灾面积	1.000	0.832
x_5 单位面积产量	1.000	0.980
x_6 人口增长率	1.000	0.977
x_7 城市化率	1.000	0.984
x_8 城镇居民人均粮食消费占全国人均粮食占有量的比重	1.000	0.935
x_9 农村居民人均食品消费支出占其总支出的比重	1.000	0.961
x_{10} 加工用谷物类粮食占谷物类粮食产量的比重	1.000	0.983

续表

变　　量	初始值	提取值
x_{11} 粮食进口依存度	1.000	0.892
x_{12} 粮食储备变动	1.000	0.802
x_{13} 粮食价格指数	1.000	0.956
x_{14} 废水排放增长率	1.000	0.993
x_{15} 工业废气排放增长率	1.000	0.777

提取方法:主成分分析。

表 7.4 为主成分分析的结果,包含了 15 个因子的初始特征值和提取 5 个因子成分后的特征值情况。前 3 个因子的初始特征均大于 1,但前 3 个因子的累计贡献率仅为 83.842%;尽管第 4、5 个因子的初始特征值均小于 1,但前 5 个因子的累计贡献率达到了 93.385%;从图 7.1 中也可以看出前 5 个因子成分能够概括大部分信息。因此,把前 5 个因子作为主成分来进行后续分析。

表 7.4　主成分分析结果

成分	初始特征值			提取平方和载入		
	合计	方差的%	累积%	合计	方差的%	累积%
1	9.407	62.712	62.712	9.407	62.712	62.712
2	1.842	12.281	74.993	1.842	12.281	74.993
3	1.327	8.848	83.842	1.327	8.848	83.842
4	.798	5.319	89.161	.798	5.319	89.161
5	.634	4.225	93.385	.634	4.225	93.385
6	.497	3.313	96.698			
7	.262	1.744	98.443			
8	.146	.975	99.417			
9	.056	.371	99.788			
10	.012	.083	99.871			

成分	初始特征值			提取平方和载入		
	合计	方差的%	累积%	合计	方差的%	累积%
11	.011	.071	99.942			
12	.005	.033	99.975			
13	.002	.014	99.989			
14	.001	.008	99.997			
15	.000	.003	100.000			

提取方法:主成分分析。

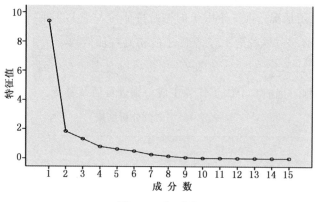

图7.1　碎石图

　　表7.5显示了各个变量在5个主成分上的载荷情况。由主成分分析的数学原理可知,主成分的经济意义表现为线性组合中系数较大的几个原指标的综合。结合表7.4,成分1的权重达到了62.712%,成为最为重要的影响因子。这一因子在反映粮食生产的农业机械总动力(x_1)、化肥施用量(x_2)、有效灌溉面积(x_3)、单位面积产量(x_5)指标上及反映粮食需求的城市化率(x_7)、加工用谷物类粮食占谷物类粮食产量的比重(x_{10})指标上载荷均在0.9以上,故可以认为成分1是影响粮食安全的硬性供需因子。成分2以12.281%的贡献率成为影响粮食安全的次级重要因子,这一因子在反映粮食贸易的粮食进口依存度(x_{11})、粮食储备变动(x_{12})指

标上载荷较大,故可以认为成分 2 是影响粮食安全的贸易调控因子。成分 3、成分 4 和成分 5 三者的累计贡献率为 18.392%,三者主要在粮食价格指数(x_{13})、废水排放增长率(x_{14})、工业废气排放增长率(x_{15})指标上载荷较大,故可以认为这三个主成分同为影响粮食安全的价格与环境调控因子。综上所述,粮食的生产与需求是影响粮食安全最主要的因素,粮食进口是影响粮食安全的不可忽视的重要调控因素。

表 7.5　主成分载荷矩阵

变　　量	成分 1	成分 2	成分 3	成分 4	成分 5
x_1 农业机械总动力	0.973	0.151	−0.017	−0.036	−0.083
x_2 化肥施用量	0.987	0.027	−0.048	0.086	0.028
x_3 有效灌溉面积	0.979	0.085	−0.071	−0.003	−0.026
x_4 农田受灾面积	−0.540	−0.689	−0.040	0.225	0.119
x_5 单位面积产量	0.947	0.220	−0.121	0.125	0.072
x_6 人口增长率	−0.972	0.165	−0.035	−0.051	0.028
x_7 城市化率	0.984	0.083	−0.002	−0.046	−0.087
x_8 城镇居民人均粮食消费占全国人均粮食占有比重	−0.890	0.117	0.159	−0.255	−0.198
x_9 农村居民人均食品消费支出占其总支出的比重	−0.958	0.035	0.016	0.151	0.140
x_{10} 加工用谷物类粮食占谷物类粮食产量的比重	0.986	−0.044	0.070	0.057	−0.033
x_{11} 粮食进口依存度	−0.472	0.682	0.333	−0.300	−0.065
x_{12} 粮食储备变动	−0.080	0.798	−0.322	0.192	0.133
x_{13} 粮食价格指数	−0.255	0.297	0.592	0.668	−0.075
x_{14} 废水排放增长率	0.471	−0.021	0.571	−0.215	0.631
x_{15} 工业废气排放增长率	0.479	−0.219	0.617	−0.082	−0.335

提取方法:主成分分析。

通过对历年来我国粮食安全情况在 5 个主成分上的得分和 5 个主成分的方差贡献率进行加权求和,得到了我国历年粮食安全程度的综合得分情况(如表 7.6 所示)。表中数据较清楚显示了近几十年来我国粮食安全的变动情况及发展趋势。在市场化改革初期,随着粮食产量的稳步提高,粮食流通问题不断突出,国内市场供过于求,统购统销的政策下的"卖粮难"、购销价格"倒挂"等现象极大地降低了农民种粮的积极性;而随着改革的进行,工业的发展在吸引了更多农民进入城市而放弃种粮的同时,还不断加大了对粮食的个性需求,使得世纪之交我国粮食市场供需缺口偏大,粮食安全程度没有根本性的好转。加入 WTO 后,我国粮食市场的改革也不断深入,惠农支农政策也不断落实,粮农种粮积极性不断提高,运用国际市场调节国内粮食供需矛盾的力度也不断加大,我国粮食安全压力逐步缓解。整体而言,我国粮食安全状况趋于好转,但仍需警惕各项因素变化带来的影响。

表 7.6　我国历年粮食安全综合得分情况

年　份	综合得分	年　份	综合得分
1985	−1.326	2001	−0.074
1990	−0.942	2002	−0.100
1991	−1.119	2003	−0.053
1992	−0.432	2004	0.542
1993	−0.642	2005	0.539
1994	−0.454	2006	0.487
1995	−0.254	2007	0.540
1996	−0.236	2008	0.751
1997	−0.291	2009	0.661
1998	−0.444	2010	0.981
1999	−0.203	2011	1.238
2000	−0.285	2012	1.116

7.3 中国粮食进口与中国粮食安全相关性分析

7.3.1 粮食进口与粮食安全的作用机理分析

由主成分分析可知,粮食贸易是粮食安全的重要调控因子,长期以来,我国也始终坚持粮食以自给为主、进出口贸易调节为辅的基本方针来保障我国粮食安全。随着改革及国际经济交往的不断深入,粮食生产、消费、贸易的国内外环境也相应在改变,粮食进出口贸易已渐渐成为各国保障国内粮食供应、调节国内粮食供求矛盾的一项重要手段。我们可以从以下三方面分析粮食进口与粮食安全作用机理。

首先,粮食进口影响一国粮食的总供给水平。一方面,由于粮食生产既具有自然属性,也具有社会属性,其生产过程受到气候、资源、资金、技术以及人们种植意愿等因素制约,粮食产量的持续快速增长很难维持。另一方面,粮食的需求是多重的,尽管人们的直接粮食食用需求增长有限,但随着人们对肉、蛋、奶等产品消费的增长,粮食的饲用需求将进一步扩大;随着加工技术的发展,生物燃料提炼等领域对粮食的深加工需求更会持续增加。有限的粮食增产与刚性增长的粮食需求必将危及一国国内粮食的总量平衡。适度的粮食进口显然可以在短期内增加一国国内的粮食总供给,弥补国内供应不足的缺口,能在一定程度上保证国内粮食总量安全。诚然,如果过度进口粮食,则可能导致国内粮食市场供过于求,甚至引发“谷贱伤农”的情形,冲击国内粮食生产,为未来粮食安全埋下隐患。

其次,粮食进口影响一国粮食的结构平衡。受地理位置、地形、地质等因素影响,一国所能生产的粮食品种是有限的;加之种植、培育、加工技术以及市场经营能力的制约,不同国家所生产粮食的品质、品牌也不尽相同。与之相对应,随着社会经济、文化发展水平的提高,人们的物质与精神生活要求也越来越高,消费者不再满足于简单的基本需求,更多的是朝"求同—求异—优越性—自我满足"的方向发展,对于粮食需求亦是如此,经济条件的改善促使人们的粮食需求越来越高端化、多样化。适度进口本国不能提供的粮食或粮食产品,能有效促进国内粮食市场的品种结构平衡,满足国内消费者的多样化粮食需求。同样,过度进口则可能危及国内原有部分粮食产业的可持续发展,中国的大豆产业便是最好的例子。

再次,粮食进口影响一国粮食的价格稳定。作为百价之基,粮食价格的稳定关系着国计民生,关系着整个社会的稳定与发展。具体到粮食安全,粮食价格的波动不仅可以作用于粮食生产而影响粮食的总量安全,还能变相地作用于消费者的购买能力而影响粮食的经济安全,上一节的主成分分析中也提到粮食价格指数是粮食安全的调控因子,毋庸置疑,粮食安全离不开粮食价格的稳定。一方面,粮食进口可以通过弥补国内粮食的总量与结构缺口,从而缓解国内粮食市场因供不应求而导致的粮价上涨;另一方面,通过价格传导机制,较低的粮食进口价格会从上游拉低国内部分粮食加工制品的价格,一定程度上制约整体价格的上涨。然而,如果在国内粮食供过于求或是在国内粮价偏低时仍大量进口粮食则只能适得其反,加剧"谷贱伤农"程度,破坏国内粮食安全。

综上所述,在开放经济条件下,粮食进口与粮食安全相互作用、相互制约。不同时期适度规模的粮食进口能对国内粮食市场产生有效的调节作用,为一国的粮食安全保驾护航。

7.3.2　中国粮食进口与粮食安全的相关性检验

为了进一步验证我国粮食进口与我国粮食安全之间相关性的存在及其相关程度的大小,下面基于 SPSS20.0 软件,对 1985—2012 年间的我国粮食进口总金额和上一节主成分分析中得出的我国粮食安全综合得分进行相关性分析。由于 SPSS20.0 软件在对数据进行分析时已自动对其进行了标准化处理,所以此处不再单独对我国粮食进口总额和粮食安全综合得分进行无量纲化处理。

首先,对我国粮食进口总额和粮食安全综合得分进行初步评估,通过软件中的图标构建程序,得到如图 7.2 所示的散点图。由图 7.2 可知,以所搜集的近些年数据来看,我国粮食进口总额与我国粮食安全综合得分之间存在显著的正相关性,随着我国粮食进口总额的增加,我国粮食安全的综合得分也呈现出明显的增长趋势。

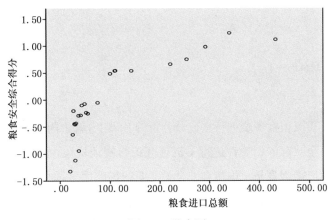

图 7.2　散点图

然后,对我国粮食进口总额与粮食安全综合得分之间相关性的强弱程度进行分析,通过软件中的双变量相关检验,得到如表 7.7 所示的结果。由表 7.7 中数据可以看出,粮食进口总额与粮食安全综合得分之间的相关系数为 0.847,t 检验的

表 7.7　我国粮食进口总额与粮食安全综合得分的相关性

		粮食安全综合得分	粮食进口总额
	Pearson 相关性	1	0.847**
粮食安全综合得分	显著性(双侧)		0.000
	N	24	24
	Pearson 相关性	0.847**	1
粮食进口总额	显著性(双侧)	0.000	
	N	24	24

注:** 表示在 0.1 水平(双侧)上显著相关。

显著性概率为 0.000 < 0.01，拒绝零假设，表明两者之间呈高度正相关，再次验证了我国粮食进口整体上对保障我国粮食安全的重要作用。值得注意的是，这并不意味着未来中国的粮食安全程度会因为进口规模的持续扩大而提高，而是证明了当前阶段中国粮食进口对中国粮食安全起着重要的正向调节作用。

7.4 本章小结

　　本章在对我国粮食安全进行主成分分析的基础上，就中国粮食进口贸易发展与中国粮食安全状况的相关性进行了机理分析与实证检验，主要得到以下结论：一是中国粮食产需因素是中国粮食安全最主要的影响因素，而粮食进口则是不可忽视的影响粮食安全的重要调控因素；二是中国粮食进口规模与中国粮食安全综合得分呈高度正相关，表明目前阶段中国粮食进口对中国粮食安全起到了重要保障作用。

第8章

中国粮食进口贸易格局的优化

21世纪以来,中国粮食进口规模的不断扩大,特别是近年来三大主粮净进口成为常态的现象,引起了社会各界对于中国粮食安全的高度担忧。然而,从理论上理解,由于我国耕地资源相对缺乏,适度扩大粮食这类土地密集型产品的进口正是按比较优势原则参与国际分工的结果;第7章的实证研究也表明,近年来我国的粮食安全状况正处于逐步好转之势,意味着我国目前的粮食进口规模并未过度。就目前形势而言,我国粮食进口贸易格局的优化不完全在于进口了多少粮食,更重要的是从哪些市场进口了哪些粮食产品。因此,根据前述几章的分析结论,世界经济形势及世界粮食出口对中国粮食进口有一定影响,而国内粮食的生产和需求则对中国粮食进口产生了显著影响(尤其是中国自身粮食需求引力因素),本章主要依据世界粮食出口规模变动和中国粮食需求引力变动,就中国粮食进口总规模、产品结构和市场结构提出优化思路。

8.1 中国粮食进口规模的优化

粮食进口作为调节国内粮食缺口的重要途径,其规模必须适度才能在保证国内粮食安全的前提下满足国内消费需求。按照《国家粮食安全中长期规划纲要(2008—2020)》(以下简称《纲要》)所设定的目标,2020年以前,我国国内粮食生产与消费的比例要不低于95%,其中,谷物类粮食生产与消费的比例要不低于

100%。然而,国务院研究室农村司司长郭玮在中国社科院 2013 年农村绿皮书发布会暨研讨会上表示,国家粮食安全标准可能需要调整,因为中国粮食自给率在 2012 年已经下降到 90% 以下,突破了《纲要》粮食自给率稳定在 95% 以上的红线。笔者根据联合国粮农组织数据库(FAOSTAT)的相关数据统计发现,中国粮食产量与消费量的比例早在 2000 年就已曾降至 90% 以下,中国粮食进口量与消费量的比例自 2008 年以来也维持在 10% 以上,但谷物类粮食产量与消费量的比例基本维持在 95% 以上,谷物类粮食进口量与消费量的比例也基本低于 5%(如图 8.1 所示)。

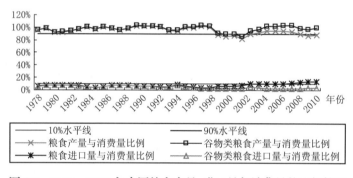

图 8.1　1978—2012 年中国粮食产量、进口量与消费量的比例情况

　　结合中国粮食进口与粮食安全的相关性分析结论和中国粮食生产、消费的发展趋势可以看出,95% 的粮食自给率或 5% 的粮食净进口率并非是适合当前我国国情的粮食安全控制红线,越过这个红线也并非意味着危机的来临,而是须引起政府对粮食安全问题的警觉以防止危机的爆发。在已有研究的基础上,本书将中国粮食产量与消费量的比例划分为三种情形:产—消比高于 90% 的"安全区"、产—消比位于 90%—80% 之间的"黄灯区"和产—消比低于 80% 的"红灯区"。当粮食产量与消费量的比例高于 90% 时,粮食的净进口率不到 10%,根据我国粮食历史经验,这一进口规模对国内粮食安全是不构成压力的。当粮食产量与消费量的比例位于 90%　80% 之间时,粮食的净进口率于 10%　20% 之间波动,通过适当减少粮食出口、动用粮食储备等尚能够对进口规模进行较灵活的调整,而且,从当前我国的购买能力及世界市场供给能力来看,20%左右的粮食进口规模基本能够得到保障,但政府应高度重视,适时出台促生产、保内需的政策,防止净进口规模继续扩展。当粮食产量与消费量的比例低于 80%时,粮食净进口率达到 20%以上,对世界粮食市场过于依赖,国内粮食市场应对国际粮食市场波动能力弱,一旦引发粮食危机,后果将尤为严重,2003—2004 年中国的大豆危机便是如此。可见,按照当前发展趋势,要保障我国粮食安全和国内粮食消费,我国粮食产量与消费量的比例应保持在 80%以上,即粮食净进口规模占粮食消费总规模的比重应保持在 20%以下。应该说,中国粮食进口规模既有扩大的现实压力,也有适度扩大的潜在空间。因此,中国粮食进口规模的优化即适度扩大进口规模,但净进口率须控制在 20%以内。

8.2 中国粮食进口结构的优化

随着世界粮食贸易总额的增长和进口市场需求的变化,中国粮食进口的结构也发生了较为明显的变化。根据前面总量 CMS 模型对中国粮食进口结构影响因素的分析可以看出,产品结构和市场结构都是影响中国粮食进口贸易的重要因素。但单一产品和市场的 CMS 模型则显示,当前我国粮食进口品并没有集中在世界出口增长最为快速的粮食品种上,粮食进口市场也并没有集中在出口发展最为快速的国家和地区。因此,要以世界粮食出口规模、各国粮食贸易竞争力指数为依据,结合中国粮食需求引力变化,从进口产品和进口来源市场两方面进行调整和优化。

8.2.1 中国粮食进口产品结构的优化

为能更直观判断中国粮食进口的结构变动是否具有合理性,下面先运用 Gini-

Hirshchman 系数来对近十年来中国粮食进口结构进行衡量。其公式表示为：

$$C_t = 100\sqrt{\sum_{i=1}^{n}\left(\frac{M_{it}}{M_t}\right)^2} \tag{8.1}$$

其中，M_{it} 表示第 i 类粮食在第 t 时期的进口额，M_t 表示第 t 时期的全部粮食进口额，C_t 为第 t 时期的粮食品种进口集中度，即各种粮食品种进口比重的平方和的平方根。C_t 取值介于 $100/\sqrt{n}$—100 之间，如果一国进口产品越平均分配于各类产品，则 C_t 越低，即趋近于 $100/\sqrt{n}$；如果一国进口产品集中于某一类产品，则 C_t 越高，即趋近于 100。

由图 8.2 可知，中国粮食进口的品种集中度基本呈现下降趋势。其中，谷物类粮食进口集中度曲线下降趋势更为显著，可见，仅从谷物粮食来看，主要谷物粮食进口规模趋于向均衡化方向发展。但若加入大豆因素，粮食进口品种集中度明显偏高，仅在 2004 年稍低于 80，尽管目前趋于下降，但仍在 80 以上，表明中国粮食进口品种结构过于集中，整体上还有待进一步优化。

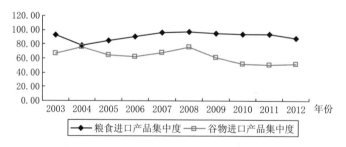

图 8.2　近十年中国粮食进口产品集中度变化情况

1. 依据世界粮食出口规模变动的进口品种结构选择

根据前述第 5 章的分析结果，中国粮食进口结构表现出与世界粮食出口结构较为一致的波动特点，前述第 6 章的实证检验结果也表明，世界粮食进口（或出口）需求规模与结构的变化是影响中国粮食进口变动的一项重要因素。因此，基于进口粮食的可获性与国内进口需求考虑，中国粮食进口结构的改进首先应依据世界粮食出口结构的变动来进行调整。

从主要粮食品种的世界出口比重来看(如表8.1所示),小麦和大豆贸易规模相对较大,两者占世界粮食出口总额的比重接近60%。整体而言,四大粮食品种的世界出口结构变动不大,大米和大豆所占比重在波动中趋于上升,但上升幅度均不显著,大米仅由2003年的13.12%上升为·2012年的13.62%,大豆则由28.77%上升为31.03%;小麦和玉米所占比重在波动中略有下降。

表8.1　近十年主要粮食品种世界粮食出口额及所占比重

	年　份	小　麦	玉　米	大　米	大　豆
进口额 (亿美元)	2003	156.92	110.44	70.44	154.40
	2004	192.78	116.58	84.52	155.16
	2005	177.34	112.37	97.26	156.51
	2006	206.47	131.84	102.07	160.99
	2007	303.31	204.95	127.78	228.55
	2008	447.29	270.84	210.71	351.24
	2009	318.06	197.91	189.26	330.31
	2010	325.02	230.13	202.25	396.65
	2011	473.35	337.20	237.00	456.48
	2012	486.23	350.36	233.29	531.33
所占比重 (%)	2003	29.24	20.58	13.12	28.77
	2004	32.27	19.51	14.15	25.97
	2005	29.77	18.87	16.33	26.27
	2006	31.43	20.07	15.54	24.51
	2007	32.05	21.65	13.50	24.15
	2008	32.13	19.46	15.14	25.23
	2009	28.81	17.93	17.14	29.92
	2010	26.44	18.72	16.45	32.26
	2011	29.37	20.92	14.71	28.32
	2012	28.39	20.46	13.62	31.03

资料来源:根据联合国统计署贸易数据库(COMTRADE)中所查数据计算得出。

进一步将中国各类粮食品种的进口与世界市场各类粮食的出口进行对比,得到如表 8.2 和表 8.3 所示结果。由表中数据明显可以看出,小麦、玉米和大米三大谷物类粮食的进口占世界粮食出口总额的比重很小,2003 年三者总计比重尚不足

表8.2　近十年中国主要粮食品种进口占相应粮食世界出口的比重　　　（%）

	小　麦	玉　米	大　米	大　豆
2003	0.49	0.00	1.37	35.08
2004	8.51	0.01	2.98	44.98
2005	4.30	0.01	2.02	49.70
2006	0.52	0.09	2.83	46.52
2007	0.07	0.03	1.70	50.20
2008	0.02	0.05	0.87	62.11
2009	0.64	0.10	1.06	56.88
2010	0.95	1.60	1.25	63.26
2011	0.88	1.71	1.63	65.12
2012	2.27	4.82	4.82	65.83

资料来源:根据联合国统计署贸易数据库(COMTRADE)中所查数据计算得出。

表8.3　近十年中国主要粮食品种进口占中国粮食进口的比重　　　（%）

	小　麦	玉　米	大　米	大　豆
2003	1.31	0.01	1.65	92.42
2004	17.84	0.01	2.74	75.89
2005	8.31	0.02	2.14	84.80
2006	1.30	0.14	3.47	90.12
2007	0.17	0.06	1.82	95.70
2008	0.03	0.06	0.81	96.90
2009	1.04	0.10	1.02	95.54
2010	1.16	1.38	0.95	94.35
2011	1.32	1.82	1.22	93.65
2012	2.77	4.25	2.83	88.04

资料来源:根据联合国统计署贸易数据库(COMTRADE)中所查数据计算得出。

2％,随着近十年来中国粮食进口的增加,三者占世界粮食出口总额和中国粮食进口总额的比重均有所上升,其中,玉米比重上升最为明显,两类比重均由2004年的0.01％分别上升至2012年的4.82％和4.25％,但三者的比重仍然较小,世界市场尚存在一定的进口增加空间;尽管近年来大豆占中国粮食进口的比重有所下降,但其占世界粮食进口的比重却在不断上升,2012年大豆进口占据中国粮食进口的88％,在世界粮食出口的比重中也达到了65％,世界市场难以满足持续扩大的进口规模。

基于世界粮食出口变动,亦即中国粮食进口的可获得性,中国粮食进口的结构优化调整应向谷物类粮食进口倾斜,小麦、玉米和大米的进口规模存在适度扩大的空间,但大豆进口规模的发展速度须逐步放缓。

2. 依据进口引力变动的进口品种结构选择

按照第6章CMS模型的实证分析结论,中国粮食进口引力的变动是影响中国粮食进口变动最为显著的因素,因此,还必须结合中国自身粮食进口引力需求的大小来进行中国粮食进口结构的调整。为便于对模型结果的解释,前面引进CMS模型分析时将原有CMS模型中的出口"竞争力效应"调整为进口"引力效应",为保持一致,此处也将分析出口竞争力的"贸易竞争力指数"调整为分析进口的"进口引力指数",即"进口引力指数＝(出口额－进口额)/(出口额＋进口额)",指数取值介于－1到1之间,若指数越趋近－1,则表明该产品进口引力越强,出口竞争力越弱,进口规模扩张压力越大,反之,则出口潜力越大。

表8.4显示了近十年来中国主要粮食品种的进口引力情况。显而易见,中国各类主要粮食品种的进口引力指数均趋近于－1方向发展,各类粮食的进口引力都很大。玉米的进口引力变化幅度最为显著,指数由2003年的1.00变为了2012年的－0.89,也再次验证了近十年中国玉米进口比重增加显著的事实。小麦和大米也由2003年的具备较显著的竞争力优势而变为明显的竞争劣势,小麦的引力指数甚至达到了－1的水平。谷物类粮食的引力指数变化趋势也吻合三大主粮进口引力的变化。大豆的进口引力指数则长期在－0.98左右徘徊。

表8.4 近十年中国主要粮食品种进口引力指数

	小 麦	玉 米	大 米	大 豆	谷物粮食
2003	0.55	1.00	0.67	−0.97	0.71
2004	−0.87	0.99	−0.04	−0.96	−0.50
2005	−0.91	1.00	0.07	−0.96	0.01
2006	0.20	0.94	0.17	−0.96	0.12
2007	0.92	0.98	0.37	−0.97	0.58
2008	0.61	0.71	0.45	−0.97	−0.02
2009	−0.98	0.21	0.44	−0.98	−0.17
2010	−1.00	−0.83	0.24	−0.99	−0.47
2011	−0.92	−0.85	0.05	−0.99	−0.54
2012	−1.00	−0.89	−0.61	−0.98	−0.83

资料来源：根据联合国统计署贸易数据库（COMTRADE）中所查数据计算得出。

表8.5为日本、西班牙和埃及三个主要粮食进口国的粮食进口引力指数情况。将中国粮食的进口引力指数与之对比可以看出，日本四大类粮食品种的进口引力均比中国强，除了大米进口引力稍弱，其余主要粮食品种的进口引力基本都达到了−1；西班牙有较明显的大米出口优势，不构成对中国大米进口的竞争，但在其他粮食品种的进口引力也十分显著，尤其是大豆，进口引力基本是−1水平；埃及的大米进口近两年发生了突变，但目前的进口引力较弱，尚不会威胁中国大米的进口扩张，但其对另外三类粮食品种的进口几乎都处于−1的进口引力状态。

可见，基于中国粮食进口引力变动及与另外三大粮食进口国进口引力的对比分析，尽管中国各类粮食进口引力强劲，但有进口扩张潜力的主要是进口竞争相对较小的谷物类粮食，尤其是大米的进口，而进口竞争极其激烈的大豆进口扩张应适度予以控制。

综上所述，从世界市场来看，大豆的出口规模和所占比重相对较大，但我国大豆进口占世界大豆出口比重已经很高，已经形成了对进口市场的依赖，而且大豆

表 8.5　近十年主要粮食进口国主要粮食品种进口引力指数对比

年份	小麦			玉米			大米			大豆			谷物粮食		
	日本	西班牙	埃及	日本	西班牙	埃及	日本	西班牙	埃及	日本	西班牙	埃及	日本	西班牙	埃及
2003	-1.00	-0.47	-1.00	-1.00	-0.89	-1.00	-0.95	0.61	0.99	-1.00	-1.00	-1.00	-1.00	-0.53	-0.77
2004	-1.00	-0.71	-1.00	-1.00	-0.80	-1.00	-0.93	0.49	0.99	-1.00	-1.00	-1.00	-0.99	-0.63	-0.65
2005	-1.00	-0.92	-1.00	-1.00	-0.85	-1.00	-0.96	0.50	0.98	-1.00	-1.00	-1.00	-1.00	-0.82	-0.68
2006	-1.00	-0.73	-1.00	-1.00	-0.89	-0.99	-0.94	0.48	0.98	-1.00	-1.00	-1.00	-1.00	-0.72	-0.66
2007	-1.00	-0.62	-1.00	-1.00	-0.93	-1.00	-0.95	0.24	0.85	-0.99	-0.99	-1.00	-1.00	-0.63	-0.72
2008	-1.00	-0.61	-1.00	-1.00	-0.91	-1.00	-0.91	0.24	0.91	-1.00	-1.00	-1.00	-1.00	-0.68	-0.89
2009	-1.00	-0.77	-1.00	-1.00	-0.88	-0.98	-0.96	0.12	0.96	-1.00	-1.00	-0.99	-1.00	-0.76	-0.66
2010	-1.00	-0.79	-1.00	-1.00	-0.85	-0.99	-0.90	0.48	0.95	-1.00	-0.99	-1.00	-0.99	-0.66	-0.80
2011	-1.00	-0.70	-1.00	-1.00	-0.91	-1.00	-0.93	0.33	-0.51	-1.00	-1.00	-1.00	-1.00	-0.71	-0.99
2012	-1.00	-0.87	-1.00	-1.00	-0.91	-1.00	-0.86	0.41	-0.34	-1.00	-0.99	-1.00	-0.99	-0.78	-0.97

资料来源:根据联合国统计署贸易数据库 (COMTRADE) 中所查数据计算得出。

进口竞争尤为激烈,其进口规模应适度缩减;小麦、玉米和大米各自规模和比重相对偏小,中国所占比重也尚小,而且进口引力增强趋势显著,进口竞争程度也相对较弱,可适度增加这几类粮食的进口,促进中国粮食进口结构的均衡化,也在一定程度上缓解国内粮食产需不平衡的压力。

8.2.2 中国粮食进口市场结构的优化

国内大多数观点认为,中国粮食进口来源市场过于集中,易受进口来源市场政治、经济波动的负面影响。前述第5章的分析也表明,中国对美国、巴西和阿根廷的粮食进口强度均大于1,即中国对这三大进口来源市场的粮食进口规模要大于这三国在世界贸易中的份额中所预期的粮食出口规模,中国粮食进口的市场集中度由此可见一斑。然而,我们并不能因为进口市场集中度高而盲目选择其他进口来源。中国粮食进口市场结构的优化须结合粮食出口市场的出口规模及竞争力情况来进行,要在满足中国粮食进口需求的前提下,充分挖掘与其他市场的贸易潜力,扩大中国粮食进口来源市场的选择范围。

1. 依据粮食出口规模的进口来源市场选择

由进口市场划分条件下的 CMS 模型分析结论可知,市场结构效应对中国粮食进口变动有着越来越重要的影响,而且近年来中国四大粮食品种的市场结构效应并不高,也意味着中国粮食进口并未更多地集中在世界粮食出口增长最为快速的市场。因此,中国粮食进口市场结构的调整首先可以依据世界主要粮食出口国出口规模的变化及横向比较来进行。

由第5章关于世界粮食贸易地区结构的分析可知,在世界五大洲中,美洲和大洋洲是最主要的净出口地区,特别是美洲,不仅粮食出口规模大,而且一直保持了较好的净出口增长态势;欧洲的粮食出口比重不断提高,已由原来的净进口状态过渡到了现在的净出口状态;亚洲和非洲则是最主要的粮食净进口地区,而且两者的净进口规模均呈增长态势。因此,从中国粮食进口来源市场选择范围来看,主要进口来源市场应以美洲为主,在巩固和扩大对大洋洲粮食进口的基础上,可进一步考虑从欧洲和亚洲具有粮食出口潜力的国家进口粮食。

表8.6所示为近十年来12个主要粮食出口国的粮食出口额占世界粮食出口总额的比重对比情况。可以看出,出口规模相对较大的国家主要有美国、巴西、阿根廷、加拿大、澳大利亚、法国和泰国等国家,但从动态发展趋势来看,美国、法国和德国所占比重呈相对显著的下降趋势,而巴西、加拿大、澳大利亚、俄罗斯和越南则呈相对显著的增长趋势,阿根廷、意大利、泰国和巴基斯坦在波动中基本维持原有比重。因此,依据进口来源市场的粮食出口规模来看,中国粮食进口市场结构的优化调整要以巴西、阿根廷、加拿大、澳大利亚、俄罗斯及亚洲的泰国、越南和巴基斯坦等极具粮食出口潜力的市场为主。

2. 依据贸易竞争力的进口来源市场选择

依据贸易竞争力对粮食进口来源市场结构进行调整,主要是从粮食贸易竞争的国际比较出发,选择粮食贸易竞争力相对较强且呈增长态势的那些国家或地区作为中国粮食进口市场结构优化的方向,以加强相互间贸易的互补性,保障中国粮食进口来源的持续可靠性。

尽管是产粮大国,但随着近十年来大豆进口的持续快速增长和谷物类粮食进口的不断扩大,中国却也已经成为世界市场上名副其实的粮食进口大国,而且粮食的进口引力仍呈不断增强的发展趋势。目前,占据世界粮食出口总额75%左右的美国、巴西、阿根廷、加拿大、澳大利亚、法国、泰国、俄罗斯、德国和越南十大粮食主要出口市场大多都是中国粮食进口的主要来源市场。因此,为满足国内对粮食进口规模的需求,中国粮食进口来源市场结构的调整主要还是针对现有贸易区域内的结构调整。

表8.7所示为近十年主要粮食贸易国的粮食贸易竞争力指数。整体而言,主要粮食进口国的粮食竞争力指数极低,亦即粮食进口引力极强;主要粮食出口国中仅少数粮食出口国竞争力指数下降,大多出口国的粮食竞争力指数趋于上升或维持小幅波动。在粮食出口国中,美国、巴西、阿根廷、加拿大、澳大利亚、法国、俄罗斯、泰国、越南和巴基斯坦十国处于明显的出口优势地位,是典型的粮食净出口国;德国和意大利则已处于粮食出口劣势,成为粮食净进口国。在主要粮食净出口

表 8.6　近十年主要粮食出口国粮食出口额占世界粮食出口总额的比重

(%)

年份	美国	巴西	阿根廷	加拿大	澳大利亚	法国	德国	俄罗斯	意大利	泰国	越南	巴基斯坦
2003	34.68	8.77	7.73	4.97	3.76	8.44	2.68	2.07	0.76	3.50	1.35	1.24
2004	33.19	10.42	7.41	5.92	6.90	8.21	2.26	1.08	0.84	4.75	1.61	1.14
2005	29.70	9.30	8.57	5.34	4.89	8.10	2.77	2.27	0.92	3.96	2.37	1.85
2006	31.13	9.55	7.21	6.55	5.26	7.33	2.79	2.36	0.80	4.05	1.95	1.75
2007	32.90	9.25	8.55	6.50	2.34	6.73	2.40	4.32	0.83	3.80	1.58	1.31
2008	31.96	9.25	8.16	6.57	3.15	6.93	2.54	2.34	0.89	4.56	2.09	1.80
2009	30.70	11.83	4.43	6.51	4.01	6.17	2.72	3.12	0.85	4.80	2.42	1.65
2010	31.45	11.10	7.82	5.65	3.74	6.26	2.32	1.95	0.75	4.47	2.65	1.85
2011	28.47	12.63	8.59	5.27	5.01	6.75	2.01	2.75	0.71	4.15	2.27	1.74
2012	26.50	13.90	7.43	5.66	5.03	5.24	1.93	3.67	0.50	2.76	2.15	1.20

资料来源：根据联合国统计署贸易数据库（COMTRADE）中所查数据计算得出。

表8.7　近十年主要粮食贸易国的粮食贸易竞争力指数

年份	中国	日本	西班牙	埃及	韩国	美国	巴西	阿根廷	加拿大	澳大利亚	法国	德国	俄罗斯	意大利	泰国	越南	巴基斯坦
2003	-0.37	-1.00	-0.67	-0.77	-1.00	0.91	0.48	0.96	0.58	0.91	0.73	-0.17	0.67	-0.67	0.51	0.58	0.93
2004	-0.82	-1.00	-0.73	-0.67	-1.00	0.91	0.70	0.93	0.72	0.98	0.74	-0.20	0.17	-0.67	0.61	0.64	0.44
2005	-0.71	-1.00	-0.85	-0.71	-1.00	0.90	0.71	0.94	0.73	0.96	0.77	-0.11	0.68	-0.58	0.53	0.67	0.74
2006	-0.75	-1.00	-0.77	-0.69	-1.00	0.88	0.66	0.93	0.79	0.97	0.78	-0.09	0.61	-0.64	0.62	0.56	0.78
2007	-0.69	-1.00	-0.70	-0.76	-1.00	0.88	0.65	0.85	0.78	0.93	0.71	-0.18	0.84	-0.63	0.62	0.50	0.84
2008	-0.91	-1.00	-0.77	-0.90	-1.00	0.87	0.69	0.78	0.78	0.92	0.75	-0.12	0.61	-0.57	0.64	0.67	0.19
2009	-0.92	-1.00	-0.83	-0.72	-1.00	0.87	0.76	0.87	0.78	0.92	0.69	-0.13	0.67	-0.55	0.66	0.53	0.69
2010	-0.95	-0.99	-0.77	-0.83	-1.00	0.89	0.73	0.99	0.80	0.93	0.74	-0.15	0.55	-0.57	0.61	0.46	0.94
2011	-0.95	-1.00	-0.80	-0.99	-1.00	0.89	0.79	0.99	0.82	0.96	0.77	-0.22	0.67	-0.61	0.60	0.37	0.93
2012	-0.96	-0.99	-0.85	-0.97	-1.00	0.85	0.81	0.99	0.84	0.96	0.75	-0.20	0.74	-0.64	0.37	0.27	0.91

资料来源：根据联合国统计署贸易数据库（COMTRADE）中所查数据计算得出。

国中,美国的出口竞争力持续下降,泰国和越南的竞争力也在波动中呈较大幅度下降;阿根廷、澳大利亚、巴基斯坦和法国基本维持了原有竞争力水平,特别是前三个国家,竞争力基本维持在0.9以上,是目前竞争力水平最高的粮食出口国;巴西、加拿大和俄罗斯的竞争力基本呈上升趋势,前两国更是达到了0.3的上升幅度,很有出口发展潜力。因此,依据粮食贸易竞争力来看,中国粮食进口来源市场结构的优化调整应以粮食出口竞争优势显著的美洲国家为主,在巩固对美国、巴西、阿根廷、加拿大等原有主要市场的粮食进口基础上,加强对澳大利亚、俄罗斯、法国等具有出口扩张潜力市场的粮食进口,并在区域经济合作与互补性贸易需求推进下进一步发展对泰国、越南、巴基斯坦等周边国家的粮食进口。

综上所述,依据进口来源市场的出口规模变动和竞争力水平变化情况,中国粮食进口的主要来源市场可以适度向巴西、阿根廷、加拿大、澳大利亚、俄罗斯以及泰国、越南、巴基斯坦等国进行调整。这些国家是目前世界主要的粮食出口国,其出口规模在世界粮食出口总额中的比重及其出口贸易竞争力水平均较高,而且其粮食出口还具有一定扩张潜力,既能较好保障中国未来的粮食进口需求,也能适当缓解对美国粮食市场的过度依赖。

8.3 本章小结

依据国内产需压力,结合进口粮食的可获得性,本章提出可从以下方面考虑中国粮食进口贸易格局的优化:一是适度调整粮食进口规模,可在20%以下的粮食净进口率范围内充分利用国际粮食市场来调节国内粮食供需平衡;二是优化粮食进口品种结构,可适度增加谷物类粮食的进口,逐步压缩大豆的进口;三是优化调整粮食进口市场结构,可适度增加从巴西、阿根廷、加拿大、澳大利亚、俄罗斯以及泰国、越南、巴基斯坦等国的粮食进口,一定程度上缓解对美国市场的高度依赖。

第 9 章

结论与政策建议

9.1 主要研究结论

9.1.1 大国粮食进口规模很大,同时存在结构问题

在世界粮食需求刚性上扬趋势下,发展中大国的粮食供求尤显紧张。随着发展中大国人口规模的扩大、居民收入水平的提高与城镇化进程的加快以及粮食加工用途的广泛化等,其国内粮食在食用、饲用及加工用等方面的需求均呈增长态势。以中国为例,尽管 2004—2015 年间中国粮食产量取得了"十二连增",但受到耕地等资源的限制,粮食产量的增长速度仍难以与需求增长速度相匹配,导致中国粮食进口规模近年来显著扩大,外贸依存度也趋于上升,并引发了世界其他国家对中国粮食进口的担忧。与此同时,中国粮食在进口结构上存在一些问题,如粮食进口的品种结构不平衡,应对国际市场粮食供给波动能力弱;主要粮食品种的进口来源都十分集中,易受主要来源市场政治及经济因素影响等。

9.1.2 中国粮食进口与中国粮食产需及世界粮食出口密切关联

协整分析和格兰杰因果关系检验结果表明,在四大粮食品种中,以小麦、玉米和大米为代表的谷物类粮食的进口与生产以及进口与需求之间均存在协整关系

和单向因果关系,即谷物类粮食进口不会对谷物类粮食生产和需求产生显著影响,而谷物类粮食生产和需求则会对谷物粮食进口产生影响;但大豆的进口与生产之间不存在协整关系,大豆的进口与需求之间尽管存在协整关系,但两者并不存在明显的因果关系。

中国粮食进口与世界粮食出口之间的密切关联性既表现在规模上,也体现在结构上。从总规模来看,中国粮食进口增长与世界粮食出口增长在近 30 多年的时间内保持了较为明显的一致波动态势;从主要粮食品种构成来看,在中国粮食进口品种构成和世界粮食出口品种构成中,玉米和大米所占比重基本趋于上升,小麦的比重则均趋于下降,大豆的增长率也呈现出高度的一致性。但无论是总规模的增长波动还是各粮食品种的增长波动,中国进口方面波动幅度均更大。另外,从中国粮食进口对主要粮食出口国的贸易强度与互补度来看,中国粮食进口来源市场较集中,且对少数国家进口强度偏高,中国与主要粮食出口国之间的粮食贸易互补度也较高。因此,中国的粮食进口既需寻找新来源,也要稳定好现有来源。

9.1.3　国内粮食需求引力对中国粮食进口影响显著

恒定市场份额模型(CMS)的分析结果表明,在 2002—2005 年、2005—2008 年和 2008—2012 年的三个时期内,受我国粮食进口引力效应影响,我国粮食进口的市场结构效应与商品结构效应均呈同方向波动态势,表明进口引力的变化是影响我国粮食进口波动的一个主要因素。与其他三个粮食进口大国相比,尽管中国粮食进口的结构效应和引力效应均不是最大的,但却是最稳定的,在三个时期内都保持了相对显著的正的结构效应和引力效应。进口市场划分条件下的 CMS 模型分析结构表明,引力效应对四个不同品种粮食进口的影响都非常明显,近年来玉米及大米的进口几乎完全由引力因素所决定。进口产品划分条件下的 CMS 模型分析结构表明,对五大不同粮食进口来源而言,引力效应和商品结构效应是导致中国对各粮食进口来源国粮食进口波动的主要原因。综合来看,引力因素、世界粮食市场需求因素以及进口结构因素的共同作用导致了我国粮食进口规模与结构的变动,尤以引力因素的影响最为显著,且我国粮食进口规模和结构的变动与世界粮食市场的变动之间的适应性还有待提高。

9.1.4　中国粮食进口与中国粮食安全显著相关

从作用机理分析,在开放经济条件下,粮食进口通过作用于一国粮食的总供给水平、结构平衡以及价格波动而对一国的粮食安全产生影响。粮食安全的主成分分析结果也表明,粮食贸易是粮食安全的重要调控因子。进一步对 1985—2012 年间中国粮食进口总额和由主成分分析中得出的中国粮食安全综合得分进行相关性检验得出,中国粮食进口总额与中国粮食安全综合得分之间存在显著正相关性,即中国粮食安全的综合得分随着中国粮食进口总额的增加而升高,验证了目前中国粮食进口整体上对中国粮食安全的促进作用。

9.1.5　中国粮食进口规模与结构存在优化空间

按照当前中国粮食生产、消费的发展趋势,要保障我国粮食安全和国内粮食消费需求,中国粮食产—消比不能低于 80%,也意味着中国粮食净进口规模占国内粮食消费规模的比重须控制在 20% 以下水平。基于世界粮食出口变动及中国粮食进口引力变动,中国粮食进口结构调整可适度向谷物类粮食倾斜。依据进口来源市场粮食出口潜力及主要粮食贸易国粮食贸易竞争力来看,中国对巴西、阿根廷、加拿大、澳大利亚、俄罗斯以及泰国、越南、巴基斯坦等国的粮食进口规模还有进一步发展的空间。

9.2　对策建议

综上所述,中国粮食进口贸易发展迅速,对中国粮食安全的影响显著。但结合国际国内粮食供求的发展趋势,中国粮食进口贸易存在一些不合理之处,进口规模与结构均存在优化空间。鉴于国内粮食产需及世界粮食出口对中国粮食进口的影响,特别是国内粮食需求引力的显著影响,下文主要依据国内粮食需求特征,结合中国粮食进口贸易发展的国内外粮食供给背景,以中国粮食安全为前提,提出以下促进中国粮食进口贸易稳健发展的对策。

9.2.1 加强粮食进口宏观调控管理

对粮食进口规模的宏观调控管理重点应体现在两个方面。首先,要将粮食进口总规模控制在合理的范围之内。如果粮食进口规模过小有可能造成国内粮食供应不足,进而出现粮价上涨,而作为百价之基的粮价的上涨必将破坏国内经济的稳定发展;如果粮食进口规模过大则有可能导致国内粮食供应过剩,进而出现粮价下跌,一旦形成"谷贱伤农"的局面,必将埋下中国粮食安全的长期隐患。因此,粮食进口规模的宏观控制对一国经济而言是尤为重要的。根据前文的研究,5%以内的粮食进口率显然已不适应国内粮食的当前产需形势及未来产需的发展趋势,10%以内的粮食净进口率整体来说是安全而且实际的,但应该以20%的粮食净进口率为底线。当然,在具体的实践中,中国粮食的进口规模需按照每年国内粮食的具体产需情况而进行合理调整。

另外,政府可在国际市场上适度提早公布中国粮食进口的计划与政策。WTO的基本原则要求各成员国贸易政策具有公开透明性和可预见性。中国若能提早公布自身粮食进口计划与政策,不仅能体现其对WTO规则的遵守,还能对国际粮食市场的供求关系及价格走势起到重要的推动作用。美国农业部每年对主要粮食品种产量、库存等预期信息的公布都会对世界市场相应产品的贸易量及价格等产生影响。同样,中国作为粮食进口大国,粮食进口信息提早公布的效果相当于通知那些在国际市场上准备同中国建立贸易联系的国家或粮商做好粮食出口准备,以防临时大量进口得不到货源保障或价格飞涨而降低贸易利益。

9.2.2　稳定粮食进口来源

稳定的粮食进口来源是中国粮食安全的重要保障。由前文的研究结论可知,中国粮食进口来源的稳定有两种途径。一是通过签订长期贸易协定来巩固已有的主要粮食进口来源,如美国、巴西、阿根廷等。可以区域经济合作或双边贸易协定的名义,同相关国家或地区就中国与该国或地区贸易的粮食种类、基准数量与价格等因素签订期限在 5—10 年的贸易协定。这样不仅可以指导国内的粮食生产行为,还能让国际粮商了解与中国开展粮食贸易的利润与收益情况,一定程度上也可以避开外国对中国实施粮食禁运的影响,从而起到稳定中国粮食进口来源的效果。二是通过多元化合作来进一步开发具有贸易潜力的粮食进口来源,如加拿大、澳大利亚、俄罗斯、东盟等。可以贸易、投资、金融等多领域、多渠道的合作,促进中国与这些具有粮食出口发展潜力的国家开展粮食产业内或粮食产业与其他产业间的互补性贸易,如由中国出资金或技术等要素,同具有土地或气候等资源优势的国家进行粮食合作生产,并将所产出粮食出口中国。通过这些方式,中国才能逐步掌握粮食进口的主动权,降低粮食进口来源过于集中的风险,并更多地从粮食进口贸易中获利。

9.2.3　优化粮食进口品种构成

如前所述,从品种结构看,中国大豆的进口比重应有所下降,而谷物类粮食的进口比重则可适度扩大。按照"规模—结构—供求"的分析路径,粮食进口的产品结构与国内粮食供求紧密相连,因此,粮食进口品种构成的优化首先应以国内粮食种植结构的调整为基础。既然要适度调低大豆的进口比重,那么国内市场就须适度增加大豆的种植比重。然而,自 2004 年大豆危机以来,受种植比较收益影响,大豆的种植面积持续减少。要扭转这种局面,政府应该加大政策支持力度,鼓励农户维持和扩大大豆种植,特别是蛋白质含量高的优质非转基因大豆的种植,逐步增加国内供给,适度减少进口依赖。另外,中国粮食企业也可在合适的海外粮食种植基地进行新建或并购投资,在当地完成粮食产品的加工后再进口。尽管这种方式会让国内相应粮食加工企业丧失部分加工环节的利润,但却可以促进中国粮食进口产品结构的均衡化,并可能获得这一产业在全球化分工下的更优利益分配,也可以绕过粮食出口国直接粮食出口的限制,还能减少国际社会对中国大量进口粮食的担忧。

9.2.4 完善粮食进口技术性措施制度

随着 WTO 框架下贸易自由化进程的加快,技术性措施逐渐成为各国限制进口的主要手段。虽说中国粮食进口需求大,但为了提高进口粮食的品质以及保证粮食进口贸易的安全可靠,建立以技术性措施为主的粮食进口管理制度显得极为迫切。近年来,有关中国食品安全标准低于发达国家或国际食品安全标准的事件时有发生,而有时尽管有国家相关标准存在,却没有相应的检验方法或检验技术。2014 年 3 月曝光的中粮古船牌面粉"增筋剂"的安全性问题也再次为粮食贸易的技术性措施障碍敲响了警钟。因此,首先要在整体上提升中国农产品的检验检疫技术,丰富检验检疫方法,多样化检验检疫手段;然后要在强化进口检验检疫工作的基础上,加紧制定与国际规则相符的粮食质量安全标准,尽快完善农业生物技术安全管理的法律法规,贯彻落实转基因产品生产许可登记制度和销售标识制度;还要不断规范进口秩序,严厉打击走私,维护国内粮食市场安全稳定。

9.3 主要创新点

首先,结合现实研究需要,对研究角度进行了一定创新。本书从优化中国粮食进口规模与结构的现实需要出发,基于相关贸易理论和国内外文献综述,从国际和国内两个粮食市场上粮食的供给与需求对中国粮食进口的影响的角度进行分析,体现出中国粮食进口现状的形成不仅是"内在"粮食供不应求的结果,也有"外在"粮食出口增长的影响,为全面而深入地认识中国粮食进口状况并出台有针对性的粮食贸易政策奠定坚实基础。

其次,创造性地引入了 CMS 模型,对中国粮食进口波动的影响因素进行了有效的实证分析。在国内外研究中,CMS 模型主要用来分析一国的出口竞争力或出口波动,本书在借鉴国内学者运用 CMS 模型分析进口波动的基础上,首次将 CMS 模型引入对中国粮食进口变动的分析,而且,为了更具体地体现商品结构和市场结构的影响,还分别从市场划分条件下和产品划分条件下对中国粮食进口的影响因素进行了分解。不同条件模型的对比分析结论表明,国内需求形成的引力因素是导致中国粮食进口规模扩大、进口结构变动的主导力量,但与世界粮食市场的变动相比,中国粮食进口的规模与结构尚存在优化调整的空间。

另外,本书对中国粮食进口与中国粮食安全进行了相关性分析,提出了新观点。在粮食进口与粮食安全作用机理分析的基础上,对基于主成分分析得出的中国粮食安全综合得分与中国粮食进口规模进行相关性分析,结论显示,以所搜集数据分析来看,目前中国粮食进口规模与粮食安全程度显著正相关。当然,这并不表示今后中国粮食进口规模越大,粮食安全程度越高,而是证明了当前阶段中国粮食进口对粮食安全的重要调节作用的存在。

9.4　进一步研究的设想

本书所进行的研究只是基于供求影响对中国粮食进口的规模与结构问题进行的初步尝试,思路、观点与结论的不成熟以及研究内容与方法上的缺陷在所难免。经过总结,至少存在以下几个方面需进一步提高与探讨:

一是研究对象方面。大国粮食进口的规模与结构问题是一个带有普遍性的问题,本书主要以中国为例进行了研究,接下来的研究还需要选择如印度等其他大国的粮食进口贸易进行研究,并就各个对象的研究结果进行比较研究,从而使研究结论更符合大国经济安全需要,也更具有普遍意义。

二是研究内容方面。随着国内粮食产需缺口的扩大,中国粮食进口贸易的地位和作用会越来越凸显。一方面,本书限于研究目的与研究内容,着重从总体上对中国粮食进口贸易规模和结构问题进行了分析。但中国粮食贸易的国内区域集中性和产品集中性均较明显,个别产品对个别地区的粮食进出口贸易也是非常值得研究的。另一方面,基于CMS模型的设定及本书的研究视角,上述分析侧重从供给、需求的角度分析了我国粮食进口的主要影响因素,但从更宏观的角度来讲,对我国粮食进口有重要影响的方面还不止这些,我国与主要粮食出口国的国际关系、国内进口购买力、加工技术水平、物流等基础设施条件等都会对我国粮食进口波动产生影响。今后,既要加强对某个粮食品种展开深入研究,以便掌握全局中的个体特征,也要从更广泛的角度来考量我国粮食进口波动的影响因素。

三是涉及数据方面。由于在中国统计年鉴、中国农业部数据中心、联合国统计署数据库、联合国粮农组织数据库等数据来源中没有对粮食需求的专项统计,文中涉及粮食需求的数据仅是根据食用、饲用、种子用、加工用、浪费及其他等相关数据计算得出,难免产生误差。同时,由于文中涉及国内外粮食生产、需求、贸易等多类数据,需通过不同数据库查询得到,而不同数据库的统计口径也不尽相同,数据间难免存在细微出入。今后,可向有关部门提议将粮食需求数据作为专项进行统计,并应保持国内外粮食统计口径的一致性。

四是研究方法方面。恒定市场模型主要是用来分析出口贸易的方法,近年来有学者将其运用到了进口贸易的分析中,其原理和应用过程较为复杂和繁琐,笔者在应用过程中难免存在一定疏漏。

参 考 文 献

Ademola K.Braimoh, M.Osaki, "Land-use Change and Environmental Sustainability", *Sustainability Science*, 2010, 1(5):5—7.

Alexander Dolgin, "The Second Invisible Hand of the Market", *Manifesto of the New Economy*, 2012, 2:5—50.

Aline Mosnier, Michael Obersteiner, Petr Havlík, Erwin Schmid, Nikolay Khabarov, Michael Westphal, Hugo Valin, Stefan Frank, Franziska Albrecht, "Global food markets, trade and the cost of climate change adaptation", *Food Security*, 2014, 2(6):29—44.

Anonymous, *Analysis Shows Grain Trade Should Grow Rapidly*, Southeast Farm Press, 2011.

Bekele Shiferaw, Jon Hellin, Geoffrey Muricho, "Improving market access and agricultural productivity growth in Africa:what role for producer organizations and collective action institutions?", *Food Security*, 2011, 12(3):475—489.

Betina Dimaranan, Elena Ianchovichina, Will Martin, "How will Growth in China and India Affect the World Economy?", *Review of World Economics*, 2009, 10(145):551—571.

Caves R.E., Pugel T.A., "New Evidence on Competition in the Grain Trade", *Food Research Institute studies*, 1982, 3(18):261—274.

Clarke, Philip, "No Grain Trade Boost in Sight", *Farmers Weekly*, 2005, 6(142):15.

Clemen, Rudolf Alexander, "*Is the Grain Trade Changing? By Rudolf A.*, *Clemen, A Study of Trends in the American Grain Trade*", Illinois Merchants Trust Company, 1924.

Dietrich Vollrath, "The agricultural basis of comparative development", *Journal of Economic Growth*, 2011, 12(16):343—370.

Elena Lioubimtseva, Geoffrey M., Henebry, "Grain production trends in Russia, Ukraine and Kazakhstan: New opportunities in an increasingly unstable world?", *Frontiers of Earth Science*, 2012, 6(6):157—166.

Gadd, Peter, "Time for grain trade to help", *Farmers Weekly*, 2007, 4(147):33.

John N. A. Lott, Jurek Kolasa, Graeme D. Batten, Lindsay C. Campbell, "The Critical Role of Phosphorus in World Production of Cereal Grains and Legume Seeds", *Food Security*, 2011, 12(3):451—462.

Kalyn T.Coatney, Jesse B.Tack, "The Impacts of an Antitrust Investigation: A Case Study in Agriculture", *Review of Industrial Organization*, 2014, 6(44):423—441.

Marc Sadler, Nicholas Magnan, "Grain Import Dependency in the MENA Region: Risk Management Options", *Food Security*, 2011, 2(3):76—89.

Mercier S., "The Evolution of World Grain Trade", *Review of Agricultural Economics*, 1999, 1(21):225—236.

Mitchell Andrews, Hamid Seddighi, Simon Hodge, Bruce A.McKenzie, Shyam S.Yadav, "Consequences of Predicted Climatic Changes on International Trade in Cool Season Grain Legume Crops", *Springer Science and Business Media B.V.*, 2010, 3(26):87—97.

Nick Bulter, "The Grain Trade and the Failure of International Control", *Intereconomics*, 1983, 3:66—72.

Raj Patel, "*Stuffed and Starved: Markets, Power and the Hidden Battle for the World Food System*"，The Oriental Press，2008.

Ravindra Tripathi，Rajesh Kumar Shastri，Sweta Agarwal，"Survival and Growth Strategies for Small—and Medium—Scale Enterprises in India：A Key for Sustainable Development"，*Driving the Economy through Innovation and Entrepreneurship*，2013，1：163—174.

Robin Krabbe，"Community Supported Agriculture and Agri—Food Networks：Growing Food，Community and Sustainability?"，*Food Security in Australia*，2012，9：129—141.

Siva Rama Krishna Valluru，E. Wesley F. Peterson，"The Impact of Environmental Regulations on World Grain Trade"，*Agribusiness*，1997，3（13）：261—272.

白石和良等：《中国的粮食安全保障和粮食贸易政策》，《世界农业》2001 年第 3 期，第 10—13 页。

白石、梁书民：《世界粮食供求形势与中国农业走出去战略》，《世界农业》2007 年第 11 期，第 5—9 页。

包宗顺：《世界粮食生产、贸易、价格波动与中国的粮食安全应对策略》，《世界经济与政治论坛》2011 年第 1 期，第 134—146 页。

保罗·A.萨缪尔森、威廉·D.诺德豪斯：《经济学》，中国发展出版社 1992 年版。

伯尔蒂尔·俄林：《地区间贸易与国际贸易》，商务印书馆 1986 年版。

蔡玉彬：《国际贸易理论与实务》，高等教育出版社 2006 年版。

陈少伟、胡锋：《中国粮食市场研究》，暨南大学出版社 2011 年版。

陈宪、韦金鸾、应诚敏等：《国际贸易理论与实务》，高等教育出版社 2004 年版。

大卫·李嘉图：《政治经济学及赋税原理》，商务印书馆 1976 年版。

段宏江：《大豆危机："走不出去"的困局》，《中国经贸》2010 年第 4 期，第 72—73 页。

范建刚：《"大国效应"的有限性与我国粮食外贸的政策选择》，《经济问题》

2007 年第 8 期,第 29—31 页。

封志明、赵霞、杨艳昭:《近 50 年全球粮食贸易的时空格局与地域差异》,《资源科学》2010 年第 1 期,第 2—10 页。

高帆:《中国粮食安全研究的新进展:一个文献综述》,《江海学刊》2005 年第 7 期,第 82—88 页。

顾尧臣(译著):《世界粮食生产/流通和消费》,中国财政经济出版社 2009 年版。

关艳华、徐玉萍、史明志:《WTO 框架下中国粮食所面临的主要问题及对策》,《农业经济》2001 年第 4 期,第 13—14 页。

韩一军、姜楠:《我国粮食贸易发展特点及政策选择》,《中国粮食经济》2013 年第 12 期,第 23—26 页。

何琬、孙晓蕾、李建平:《中国原油进口贸易波动研究》,《国际经济合作》2009 年第 9 期,第 28—31 页。

胡非凡、施国庆:《世界主要粮食贸易国粮食国际竞争力对比分析》,《求索》2007 年第 1 期,第 30—36 页。

胡锋:《玉米会不会是下一个大豆》,《中国粮食经济》2010 年第 12 期,第 32—33 页。

胡木强:《WTO 框架下河北省的粮食安全问题》,《经济论坛》2002 年第 8 期,第 4—7 页。

胡求光:《中国水产品出口贸易研究——基于需求变动的实证分析》,西北农林科技大学,2008 年。

贾建华、贾蕾:《中国粮食对外贸易的问题探索》,《经济与管理研究》2007 年第 1 期,第 54—57 页。

贾建华、贾蕾:《中国粮食对外贸易的问题探索》,《经济与管理研究》2007 年第 1 期,第 54—57 页。

江涌:《猎杀"中国龙"? ——中国经济安全透视》,经济科学出版社 2009 年版。

蒋乃华、谢科进:《农产品贸易自由化对我国粮食进口的影响——论我国粮食生产的稳定性》,《国际贸易问题》2006 年第 12 期,第 18—22 页。

瞿商:《中国粮食国际贸易和性质的历史分析》,《中国经济史研究》2006 年第 3 期,第 20—28 页。

瞿商:《中国粮食进出口贸易的回顾和分析》,《粮食问题研究》2004 年第 6 期,第 25—28 页。

郎咸平:《郎咸平说新帝国主义在中国》,东方出版社 2010 年版。

李节传:《960 年代中加小麦贸易对加拿大的重要性》,《天津师范大学学报(社会科学版)》2005 年第 3 期,第 27—30 页。

李节传:《20 世纪 60 年代中加小麦贸易对中国的重要意义》,《当代中国史研究》2005 年第 2 期,第 88—94 页。

李晓钟:《我国粮食对外贸易中的一个"悖论"》,《国际贸易问题》2005 年第 4 期,第 5—10 页。

李艳君:《我国粮食贸易特点及未来发展趋势》,《国际经济合作》2012 年第 3 期,第 78—80 页。

李英、赵文报:《开放条件下粮食进口对我国粮食安全的影响及对策》,《对外经贸实务》2013 年第 8 期,第 26—29 页。

理查德·波斯纳著、沈明译:《资本主义的失败》,北京大学出版社 2009 年版。

廖永松:《全球小麦供求和贸易形式分析及预测》,《中国粮食经济》2009 年第 6 期,第 14—17 页。

林潇、赵伟:《联合国粮农组织 2010 年全球粮食展望》,《粮油食品科技》2010 年第 3 期,第 61—65 页。

刘加权:《国外粮食流通的经验及启示》,《北方经贸》2009 年第 8 期,第 61—62 页。

刘甲朋:《中国古代粮食储备调节制度思想演进》,中国经济出版社 2010 年版。

刘林奇、曾福生:《中国粮食贸易国际竞争力实证分析》,《粮食科技与经济》

2013 年第 8 期,第 9—11 页。

刘林奇、曾福生:《中国粮食贸易国际竞争力实证分析》,《粮食科技与经济》2013 年第 4 期,第 9—11 页。

刘梅英:《从福建大米进口贸易的嚣张看地缘经济优势》,《特区经济》2006 年第 10 期,第 347—348 页。

刘笑然:《关于粮食贸易禁运的探讨》,《中国粮食经济》2011 年第 8 期,第 24—25 页。

刘永胜、张淑荣、兰德平:《入世以来我国粮食贸易与粮食安全问题分析》,《农业经济》2010 年第 8 期,第 3—5 页。

刘远:《从我国粮食贸易赤字看农产品贸易趋势》,《江苏论坛》2004 年第 10 期,第 127—129 页。

刘忠涛、刘和光:《世界粮食贸易现状与趋势》,《农业贸易与展望》2011 年第 5 期,第 44—48 页。

龙方:《新世纪中国粮食安全问题研究》,湖南农业大学,2007 年。

鲁靖:《不和谐的中国粮食贸易:实证分析与对策》,《经济与管理研究》2005 年第 9 期,第 74—77 页。

鲁靖、邓晶:《中国粮食贸易特征的原因分析与对策》,《国际贸易问题》2006 年第 5 期,第 17—23 页。

陆文聪、祁慧博、李元龙:《全球化背景下的中国粮食供求变化趋势》,《浙江大学学报(人文社会科学版)》2011 年第 1 期,第 5—17 页。

吕新业、胡非凡:《2020 年我国粮食供需预测分析》,《农业经济问题》2012 年第 10 期,第 11—18 页。

吕洵:《2003 年以来中国与东盟的农产品贸易状况分析》,暨南大学,2013 年。

罗静:《提高农民种粮经济收益是确保国家粮食安全的关键》,《南京农业大学学报》2010 年第 10 期,第 1—6 页。

马述忠、王军:《我国粮食出口市场势力的实证分析——以玉米为例》,《浙江社会科学》2012 年第 7 期,第 26—33 页。

迈克尔·波特:《国际竞争优势》,华夏出版社 2002 年版。

茅于轼、赵农:《中国粮食安全靠什么》,知识产权出版社 2011 年版。

穆丹、刘慧芳:《"十二五"时期我国粮食贸易转型研究》,《当代经济》2010 年第 2 期,第 12—13 页。

聂永红:《中国粮食之路》,经济管理出版社 2009 年版。

聂振邦:《2010 中国粮食发展报告》,经济管理出版社 2010 年版。

农业部农村经济研究中心课题组:《农产品价格波动、机理分析与市场调控》,《农业技术经济》2012 年第 10 期,第 4—13 页。

潘洪亮:《关于云南边境粮食贸易情况的思考》,《中国粮食经济》2011 年第 9 期,第 55—58 页。

乔娟:《中国主要粮食国际竞争力研究》,中国农业科学院,2004 年。

乔跃建:《用 GTAP 模型分析中国加入 WTO 后的粮食市场》,《中国农业大学学报》2003 年第 8(5)期,第 110—114 页。

曲哲:《粮食银行扩展》,《农经》2010 年第 2 期,第 40—43 页。

尚长风:《1961 年粮食进口对中国对外贸易的影响》,《当代中国史研究》2010 年第 5 期,第 72—78 页。

苏瑞娜:《世界粮食危机的根源》,《农业经济与管理》2013 年第 1 期,第 65—71 页。

孙宝民:《中国粮食进出口的适度规模及合理结构研究》,《生产力研究》2012 年第 2 期,第 52—53 页。

孙林:《粮食主产国出口限制是否推动了国际粮食价格上涨?——以大米为例的实证分析》,《中国农村经济》2011 年第 9 期,第 86—94 页。

孙志坚:《云南与中南半岛五国粮食贸易的 SWOT 分析及对策》,《云南财经大学学报(社会科学版)》2012 年第 2 期,第 5—8 页。

唐锋、孙林:《WTO 关于粮食出口限制措施的约束机制:局限和发展》,《农业经济问题》2013 年第 7 期,第 89—94,112 页。

唐华俊:《新形势下中国粮食自给战略》,《农业经济问题》2014 年第 2 期,第

4—10 页。

唐华山、刘维奇、袁辉:《经济学大师如是说》,人民邮电出版社 2009 年版。

陶权:《基于最小二乘法的全球粮食产量和贸易额之间关系的实证研究》,《全国商情:经济理论研究》2013 年第 9 期,第 57 页。

王憧憧:《路易·达孚:全方位深入中国粮市》,《农经》2010 年第 1 期,第 76—78 页。

王芳:《中国粮食外贸态势浅析》,《科技资讯》2010 年第 31 期,第 202—204 页。

王鹏:《"跨国粮企"的全球定价战略》,《中国经贸》2010 年第 5 期,第 64—67 页。

王锐:《我国粮食进出口与粮食价格关系的实证研究——基于粮食安全的角度》,《广东商学院学报》2012 年第 1 期,第 66—71 页。

王士海、李先德:《后危机时代的国际粮食市场走势分析》,《农业经济问题》2010 年增刊,第 31—35 页。

王世群:《美国农业出口与粮食援助政策:历史演变与发展趋势》,《农业经济》2010 年第 1 期,第 84—86 页。

王新华:《我国粮食进出口、国内粮价与国际粮价的互动关系研究》,《统计与决策》2013 年第 14 期,第 118—121 页。

王新华:《中国粮食贸易问题研究综述》,《上海商学院学报》2013 年第 12 期,第 33—34 页。

温思美、庄丽娟:《谷物国际贸易格局及趋向分析》,《世界农业》2003 年第 6 期,第 25—28 页。

武拉平、田甜:《基于贸易视角的新形势下中国粮食安全研究》,《农业展望》2013 年第 4 期,第 66—70 页。

武雪平、陈乾坤:《粮食外贸依存度变动趋势研究》,《经济与管理》2011 年第 4 期,第 36—40 页。

徐剑明:《"马尔萨斯幽灵"的回归:粮食危机真相》,中国致公出版社 2010

年版。

　　徐翔、孙文华:《WTO 背景下中国粮食生产波动分析》,《农业现代化研究》2002 年第 3 期,第 113—116 页。

　　徐振伟、翟菁:《1970 年代美苏粮食贸易的双层博弈分析》,《俄罗斯中亚东欧研究》2010 年第 5 期,第 80—86 页。

　　许经勇、任柏强、张一力:《论我国粮食生产与贸易保护政策的演变趋势》,《学习与探索》2003 年第 3 期,第 81—86 页。

　　许梦博:《被物价支配的经济史》,人民邮电出版社 2009 年版。

　　亚当·斯密:《国民财富性质及来源研究》,商务印书馆 1981 年版。

　　杨晓智:《世界粮食贸易格局及趋势研究》,《国际贸易问题》2009 年第 12 期,第 9—15 页。

　　杨正兵、董莘:《小麦贸易格局的演变对中国粮食安全的影响》,《中国农学通报》2009 年第 25 期,第 320—325 页。

　　尤利群:《粮食国际贸易争端的起因与利益分析》,《经济问题》2009 年第 11 期,第 39—52 页。

　　于法稳:《粮食国际贸易对区域水资源可持续利用的影响》,《中国农村观察》2010 年第 4 期,第 54—62 页。

　　于浩淼:《中国粮食生产与贸易现状及政策选择》,《生产力研究》2010 年第 3 期,第 17—18, 87 页。

　　余莹:《国际粮食贸易规则之演进——对国际粮食贸易的政治经济学解读》,《太平洋学报》2011 年第 6 期,第 51—60 页。

　　余莹、汤俊:《美国粮食战略主导下的粮食贸易规则》,《国际观察》2010 年第 1 期,第 66—73 页。

　　袁平:《国际粮食市场演变趋势及其对中国粮食进出口政策选择的启示》,《南京农业大学学报(社会科学版)》2013 年第 11 期,第 46—55 页。

　　袁平:《国际粮食市场演变趋势及其对中国粮食进出口政策选择的启示》,《南京农业大学学报:社会科学版》2013 年第 1 期,第 46—55 页。

约翰·马德来:《贸易与粮食安全》,商务印书馆 2005 年版。

曾福生、高鸣:《粮食进出口价格弹性的实证分析》,《华南农业大学学报(社会科学版)》2011 年第 4 期,第 62—68 页。

曾福生、刘辉:《国际粮价上涨对我国粮食安全的影响与应对措施》,《求索》2008 年第 10 期,第 9—11 页。

张红玉:《我国粮食补贴政策研究》,立信会计出版社 2010 年版。

张士功、禾军、王道龙等:《入世对我国小麦生产的影响及对策研究》,《农业技术经济》2001 年第 1 期,第 15—17 页。

张小瑜:《未来我国粮食供需形势预测分析》,《农业展望》2012 年第 3 期,第 55—59 页。

赵志芳、张丹丹、刘养洁:《浅谈影响世界粮食贸易的主要因素》,《中国对外贸易:英文版》2012 年第 4 期,第 344 页。

郑少华:《中国粮食国际贸易现状及影响因素》,《世界农业》2011 年第 4 期,第 5—8 页。

中国科学院预测科学研究中心:《中国经济预测与展望》,科学出版社 2010 年版。

钟甫宁:《关于当前粮食安全的形势判断和政策建议》,《农业经济与管理》2011 年第 1 期,第 5—8 页。

钟甫宁、周应恒:《食品与农业经济研究》,经济管理出版社 2006 年版。

钟甫宁、朱晶、曹宝明:《粮食市场的改革与全球化:中国粮食安全的另一种选择》,中国农业出版社 2004 年版。

钟岷源、刘敏涛:《吃饭问题始终是头等大事——访中国社科院农村发展研究所所长张晓山》,《南风窗》2010 年第 16 期,第 27—29 页。

钟钰、华树春、靖飞:《中国农产品贸易波动因素分析》,《南京农业大学学报》2005 年第 12 期,第 6—10 页。

周慧秋、李忠旭:《粮食经济学》,科学出版社 2010 年版。

周力、应瑞姚、江艳:《我国葡萄酒进口贸易波动研究——基于 CMS 模型的因素分解》,《农业技术经济》2008 年第 2 期,第 25—31 页。

周力、周应恒:《国际粮食市场的可依赖性研究》,《国际贸易问题》2010 年第 7 期,第 26—34 页。

朱晶,钟甫宁:《入世后我国与世界粮食生产的波动比较与市场融合》,《现代经济探讨》2004 年第 12 期,第 18—21 页。

朱晶,钟甫宁:《从粮食生产波动的国际比较看我国利用世界市场稳定国内供应的可行性》,《国际贸易问题》2000 年第 4 期,第 1—6 页。

朱增勇、聂凤英:《美国粮食和饲料作物进口贸易分析》,《中国食物与营养》2010 年第 9 期,第 39—42 页。

庄丽娟、刁慕容:《中国谷物外贸格局与发展趋向分析》,《中国农垦经济》2004 年第 8 期,第 25—26 页。

后　记

　　韶华易逝,光阴荏苒,忙忙碌碌两年多的论文写作,再经过一年多的书稿修改,本书的写作即将画上句号。回顾本书的写作过程,既有伏案创作的艰辛,也有收获进步的喜悦,成为我生命中尤为难忘且充实的日子。

　　本书能顺利完成,我要感谢我的博士生导师湖南农业大学副校长曾福生教授。曾老师严谨的治学态度、广博的学识见闻、敏锐的学术洞察以及谦和的处事作风都让我深深钦佩。曾老师所言传身教给我的不仅仅是学问和知识,更是一种做人、做事的态度。具体到本书的写作,从选题的确定、结构的构建、资料的搜集到具体的写作与修改,曾老师均给予悉心的指导和适时的鼓励,让我在遇到困难时能勇敢而坚定地前行。在此,我向曾老师表示深深的感谢!

　　本书能顺利出版,我要感谢湖南师范大学副校长欧阳峣教授。感谢欧阳教授提供了这样一个平台,并耐心又细心地一遍遍指导我进行书稿的完善直至本书的出版。欧阳教授这种学术追求的风范将时刻激励着我在未来的求学路上不断求索!我还要感谢湖南商学院的生延超教授为本书出版提供的及时帮助和付出的辛勤劳动!

　　在我博士求学过程中,湖南农业大学经济学院的李明贤教授、罗光强教授、刘纯阳教授、龙方教授、黎红梅教授、李立清教授等不仅曾对我传道、授业、解惑,也在我论文开题与修改过程中给予了许多中肯的意见和建议,我深表感谢!同时,感谢我的领导及同事刘志成教授、杜红梅教授、刘舜佳博士等对我学习、工作上的关心与帮助;感谢吴柳老师、刘洋老师等其他给予我帮助的老师!感谢给予本书宝贵指导意见的校外专家、答辩委员会主席及评委;本书吸收和借鉴了国内外学

后　记

者的诸多研究成果,在此一并致谢!

感谢我的同门李明权、杨彩虹、范龙昌、魏勇军、陈卓、刘叶云、周红梅、李杨、李学文、段海波、涂小雨等 2009 级农业经济管理博士班的全体同学,大家一起学习、切磋讨论、相互鼓励、聚会放松的情谊永远铭记! 感谢我的闺蜜胡梅梅、许烜、杨璐璐、岳柳青、张雅等给予我的鼓励、帮助和支持,有你们的陪伴,我的生活变得更加阳光、快乐! 还要感谢林凌同学对我文中实证检验部分的技术指导,感谢刘寒、叶明欢等同学对我生活上的贴心照顾,和你们在一起,论文写作路上不再孤独!

最后,我要特别地感谢我的家人,感谢你们多年来对我学业、工作和生活的支持与理解,感谢你们承担了更多的家庭责任,感谢你们包容我忙碌中的坏脾气,感谢你们在我遇到挫折而失落时给予的坚强支撑与真心鼓舞! 拥有你们,我便拥有了温暖的家,也拥有了小而确定的幸福!

王溶花

2016 年 7 月于长沙

图书在版编目(CIP)数据

大国经济安全视角的粮食进口规模与结构：以中国
为例的研究/王溶花著.—上海：格致出版社：上海
人民出版社，2016.10
（大国经济丛书）
ISBN 978-7-5432-2670-8

Ⅰ.①大… Ⅱ.①王… Ⅲ.①粮食-进口贸易-研究
-中国 Ⅳ.①F752.652.1

中国版本图书馆 CIP 数据核字(2016)第 239356 号

责任编辑 钱 敏
装帧设计 路 静

大国经济丛书

大国经济安全视角的粮食进口规模与结构
—— 以中国为例的研究

王溶花 著

出 版	世纪出版股份有限公司 格致出版社 世纪出版集团 上海人民出版社 (200001 上海福建中路 193 号 www.ewen.co)	印 刷	苏州望电印刷有限公司
		开 本	787×1092 1/16
		印 张	12
		插 页	2
	编辑部热线 021-63914988 市场部热线 021-63914081 www.hibooks.cn	字 数	172,000
		版 次	2016 年 10 月第 1 版
发 行	上海世纪出版股份有限公司发行中心	印 次	2016 年 10 月第 1 次印刷

ISBN 978-7-5432-2670-8/F・963 定价：38.00 元